„WW ist ein Allround-Paket, das dir hilft, den Blick für einen gesunden Lebensstil zu öffnen."

Anika, WW Mitglied und Fan dieses Kochbuchs, hat einige Rezepte für euch getestet. Mehr zu Anikas Abnehmweg und ihren Lieblingsrezepten findest du auf Seite 6.

Kokos-Limetten-
Panna-Cotta, S. 136

Gegrillte Puten-Saltimbocca
mit Spargel, S. 94

Scharfe Antipasti aus
dem Ofen, S. 10

Inhalt

Rezeptinfos

 3

PersonalPoints™ Wert
pro Person / Glas / Stück

 3–8

PersonalPoints™ Range
pro Person / Glas / Stück

PersonalPoints™ tracken

Neu! Scannen & tracken für alle WW Mitglieder

Wir haben jedem Rezept einen QR-Code für schnelles, nahtloses Tracking in der WW App hinzugefügt. Mehr Infos findest du auf der inneren Umschlagseite.

Kochvideos ansehen

QR-Code scannen und Kochvideos entdecken.

 vegetarisch

 vegan

 glutenfrei

 laktosefrei

 nussfrei

Willkommen zum neuen **PersonalPoints™** Programm

Es ist dein Weg und du bestimmst die Richtung. Kein Plan gleicht dem anderen. Bei WW erhältst du einen personalisierten Plan, der dein Lieblingsessen, deine Ziele und deinen Stoffwechsel berücksichtigt. So kannst du abnehmen, ohne auf einen einzigen Genuss-moment deines Lebens zu verzichten.

Ein Plan von dir für dich

Du sagst uns, was du gerne isst und wann und wie du dich am liebsten bewegst. Und wir erstellen dir einen individuellen Ernährungs- und Bewegungsplan.

Aktualisierte Punkteformel

Du wirst zu Lebensmitteln mit einem höheren Anteil an gesunden Fetten, Ballast-stoffen sowie Eiweiß und einem geringeren Anteil an zugesetztem Zucker und gesättigten Fettsäuren geführt.

Bei diesem Programm kannst du dich satt essen

Kein Hungern – dank der ZeroPoint® Lebensmittel, die du nicht tracken musst, und der Möglichkeit, dein Budget aufzustocken.

Sina Peters, WW Expertin für Programm und Wissenschaft

„ZeroPoint Lebensmittel sind Lebensmittel, die du gern und häufig isst. Die Möglichkeit, das zu essen, was man liebt, ist einer der Gründe, warum dieses Programm so alltagstauglich ist!"

3 einfache Wege, dein Budget aufzustocken

Dein PersonalPoints Budget ist individuell auf deine Ziele abgestimmt und du entscheidest, für welche Lebensmittel du es einsetzt. Zum allerersten Mal bietet WW dir mit dem neuen Programm jetzt auch die Möglichkeit, weitere PersonalPoints in deinem Budget hinzuzufügen.

Iss Gemüse!

1 Handvoll Gemüse = 1 PersonalPoint für dein Tagesbudget (unbegrenzt). Gemüse enthält viele Ballaststoffe. Sie helfen dir dabei, länger satt zu bleiben.

Trinke Wasser!

1,75 l Wasser pro Tag = 1 PersonalPoint für dein Tagesbudget (max. 1 pro Tag). Je mehr Wasser du trinkst, desto weniger greifst du zu Saft oder Limonade.

Bleibe aktiv!

Mehr Bewegung = mehr PersonalPoints für dein wöchentliches Budget (unbegrenzt). Wie viele Punkte du verdienst, hängt von der Aktivität sowie von deinem Alter, deiner Größe, deinem Geschlecht und deinem Gewicht ab.

Im neuen PersonalPoints Programm erhält jeder eine individuelle Liste mit ZeroPoint Lebensmitteln, welche die ganz persönlichen Vorlieben berücksichtigt.

Daher kann der PersonalPoints Wert eines Rezeptes von Person zu Person variieren. Je nachdem, welche ZeroPoint Lebensmittel auf deiner Liste stehen, liegt dein PersonalPoints Wert innerhalb des ausgewiesenen Rahmens.

Minimaler PersonalPoints Wert ← **4 – 7** → Maximaler PersonalPoints Wert

Dein exakter PersonalPoints Wert wird dir in der WW App angezeigt, indem du den QR-Code auf der Rezeptseite scannst. So kannst du deine Mahlzeiten also auch direkt tracken!

Tagliata alla Fiorentina

Zubereitungszeit 10 Min.   Garzeit 10 Min.

5   201 kcal | 840 kJ

Die WW Gesunde Küche

Die WW Kochbücher sind für alle geeignet – egal, ob du WW Mitglied bist oder dich einfach ausgewogen ernähren und einen gesunden Lifestyle etablieren möchtest. Genau hierbei helfen dir unsere leckeren Rezepte, die ganz leicht nachzukochen sind.

Infos zum Scannen & Tracken der Rezepte erhältst du auf der Umschlaginnenseite.
Mehr zu unserem ganzheitlichen PersonalPoints Programm erfährst du unter ww.com.

„Erst Down Under und dann runter mit dem Gewicht."

Bereits vor über 10 Jahren lernte ich das WW Programm bei meiner australischen Gastfamilie kennen. Als Au-pair verbrachte ich 11 Monate Down Under und nahm allein durch die WW Gerichte meiner Gastmutter rund 50 Kilo ab. Zurück in Deutschland habe ich das Programm allerdings aus dem Blick verloren – bis ich wieder richtig durchstartete.

WW MITGLIED ANIKA

QR-Code scannen und weitere motivierende Erfolgsgeschichten der WW Mitglieder entdecken.

Nachdem sich die Kilos nach und nach wieder eingeschlichen hatten, kam Weihnachten 2018 der Wendepunkt: Frustriert darüber, mein Weihnachtsgeld in größere Kleidung investieren zu müssen, entschied ich mich, es meiner australischen Gastmutter gleichzutun und mich bei WW Digital anzumelden.

Bislang habe ich mich am lila Plan (Anm.: altes Programm) erfreut, bei dem Vollkornprodukte wie Vollkornpasta zu den ZeroPoint® Lebensmitteln

gehören. So musste ich viele Lebensmittel nicht wiegen und fühlte mich flexibel. Für mich persönlich ist das PersonalPoints™ Programm das beste Programm, da es noch individueller ist. Am besten gefällt mir, dass man Zusatzpunkte durch viel Gemüse und ausreichend Wasser trinken zu seinem Budget hinzufügen kann. So werden gesunde Gewohnheiten noch mehr in den Vordergrund gestellt.

Früher gab es bei mir maximal Fertigprodukte. In meiner ersten Wohnung hatte ich nicht einmal Pfeffer und Salz. Heute verfügt meine Küche über ein riesiges Gewürzregal und ich liebe es, am Herd zu experimentieren. Statt Schokolade, zu der ich früher oft im Stress gegriffen habe, gibt's jetzt gesunde Alternativen: selbstgemachtes Eis aus gefrorenen Bananen zum Beispiel.

Ich hatte immer Knie- und Rückenprobleme und habe Sportprogramme nie wirklich durchgezogen. Dieses Mal aber konnte ich mich selbst motivieren und bin erstmals langfristig dran geblieben. Um mich in Achtsamkeit zu üben und Stress abzubauen, nutze ich die tollen Features wie die Audio-Coachings und Meditationen in der WW App. Ich achte jetzt insgesamt mehr auf mich, fühle mich ausgeruht und habe mehr Energie.

Meine absoluten Lieblingsrezepte:

→ **Gebackene Parmesan-Zucchini** (S. 25)

→ **Geflügel-Gemüse-Hackbraten mit grünen Bohnen** (S. 90)

→ **Klassische italienische Hackbällchen** (S. 98)

*Teilnehmer des WW Programms können mit einer Gewichtsabnahme von bis zu 1 kg pro Woche rechnen. Das gezeigte Mitglied hat mit einem Vorgängerprogramm abgenommen und macht weiter mit dem PersonalPoints™ Programm.

Feine Vorspeisen & knackige Salate

Scharfe Antipasti aus dem Ofen

Zubereitungszeit 15 Min.   Garzeit 20 Min.

       260 kcal | 1087 kJ

Für 4 Personen
1 rote Chilischote
1 Zucchini
1 Aubergine
250 g braune Champignons
250 g Cocktailtomaten
2 Knoblauchzehen
1 EL Olivenöl
2 EL Rotweinessig
Salz, Pfeffer
1 Kugel fettreduzierter Mozzarella
60 g entsteinte Kalamata-Oliven in Lake
40 g italienische Salamischeiben
4 Scheiben Baguette (à 25 g)

1 Backofen auf 200° C (Gas: Stufe 3, Umluft: 180° C) vorheizen. Chilischote waschen, entkernen und hacken. Zucchini waschen und in Scheiben schneiden. Aubergine waschen und in Würfel schneiden. Champignons trocken abreiben und vierteln. Tomaten waschen und halbieren. Knoblauch pressen.

2 Zucchini, Aubergine, Champignons und Tomaten mit Öl, Essig, Knoblauch, Chili, Salz und Pfeffer vermischen und auf einem mit Backpapier ausgelegten Backblech verteilen. Gemüse im Backofen auf mittlerer Schiene ca. 20 Minuten backen. Mozzarella trocken tupfen und in Stücke zerteilen. Antipasti, Mozzarella, Oliven und Salami auf einer Platte anrichten und mit Baguette servieren.

Würzige Focacciastreifen

Zubereitungszeit 20 Min.   Garzeit 30 Min.   Gehzeit 90 Min.

       113 kcal | 472 kJ

Für 16 Stücke
1/2 Würfel Hefe
1 TL Zucker
280 ml warmes Wasser
460 g Mehl
1 EL getrocknete italienische
Kräuter
Salz, Pfeffer
1 rote Zwiebel
1 Zucchini
3 TL Olivenöl
1 rote Chilischote
2 Knoblauchzehen
2 EL gehacktes Basilikum

1 Hefe zerbröckeln und mit Zucker in Wasser auflösen. 440 g Mehl, Kräuter und 1 TL Salz vermischen, Hefemischung dazugeben, zu einem glatten Teig verkneten und an einem warmen Ort abgedeckt ca. 60 Minuten gehen lassen. Teig mit restlichem Mehl bestäuben und auf Backpapier rechteckig ausrollen. Teig auf ein Backblech geben und weitere ca. 30 Minuten gehen lassen.

2 Backofen auf 200° C (Gas: Stufe 3, Umluft: 180° C) vorheizen. Zwiebel schälen und in feine Streifen schneiden. Zucchini waschen und fein würfeln. 1 TL Öl in einer Pfanne auf mittlerer Stufe erhitzen und Zwiebeln mit Zucchini darin ca. 5 Minuten anbraten. Chilischote waschen und in feine Ringe schneiden. Knoblauch pressen, mit Chili in die Pfanne geben, ca. 3 Minuten mitbraten und mit Salz und Pfeffer würzen.

3 Mit den Fingern in gleichmäßigen Abständen Dellen in den Teig drücken, Zucchini-Chili-Mischung darauf verteilen, mit restlichem Öl beträufeln und im Backofen auf mittlerer Schiene ca. 20 Minuten backen. Focaccia mit Basilikum bestreuen, in 16 Streifen schneiden und servieren.

Anikas Tipp

Die Focaccia ist super lecker und lässt sich sehr einfach variieren. Sie eignet sich perfekt als Meal Prep für die Arbeit oder für unterwegs und ist ein toller Partysnack.

Bohnen-Rucola-Salat mit Röstpaprika

Zubereitungszeit 10 Min.

3-4    178 kcal | 744 kJ

Für 4 Personen
1 Dose weiße Bohnen
(255 g Abtropfgewicht)
200 g geröstete Paprika in Lake
250 g Cocktailtomaten
100 g Rucola
2 EL Wasser
1 EL Olivenöl
1 EL dunkler Balsamicoessig
Salz, Pfeffer
40 g gehobelter Parmesan

1 Bohnen abspülen und mit Paprika abtropfen lassen. Paprika in feine Streifen schneiden. Tomaten waschen und halbieren. Rucola waschen und trocken schleudern.

2 Für das Dressing Wasser, Öl, Essig, Salz und Pfeffer verrühren. Dressing mit Bohnen, Paprika, Tomaten und Rucola vermischen. Salat auf Teller verteilen, mit Parmesan bestreuen und servieren.

Rosmarin-Knoblauch-Kartoffelecken

Zubereitungszeit 10 Min.   Garzeit 35 Min.

     212 kcal | 888 kJ

Für 4 Personen

4 Zweige Rosmarin
3 Knoblauchzehen
1 EL Olivenöl
800 g festkochende Kartoffeln
Salz, Pfeffer
100 g fettarmer Joghurt
2 EL Salatcreme, bis 10 % Fett
1 EL Limettensaft
2 EL gehackte Petersilie

1 Backofen auf 200° C (Gas: Stufe 3, Umluft: 180° C) vorheizen. Rosmarin waschen, trocken schütteln und hacken. 2 Knoblauchzehen pressen und mit Öl und Rosmarin verrühren. Kartoffeln waschen, längs in Spalten schneiden, auf einem mit Backpapier ausgelegten Backblech verteilen und mit Rosmarin-Knoblauch-Öl, Salz und Pfeffer vermischen.

2 Kartoffeln im Backofen auf mittlerer Schiene 30–35 Minuten backen, dabei gelegentlich durchrühren. Für den Dip restlichen Knoblauch pressen und mit Joghurt, Salatcreme, Limettensaft, 1 EL Petersilie und Salz verrühren. Kartoffelecken mit restlicher Petersilie bestreuen und mit Dip servieren.

Lecker als Beilage

Serviere die Kartoffelecken zu Fleisch- oder Fischgerichten aus Kapitel 3.

Italienischer Pesto-Brot-Salat

Zubereitungszeit 15 Min.   Garzeit 40 Min.   Kühlzeit 10 Min.

     249 kcal | 1040 kJ

Für 4 Personen
1 große Aubergine
1 große Zucchini
2 rote Paprika
2 TL Olivenöl
2 EL Pesto rosso (Fertigprodukt)
Salz, Pfeffer
1 Knoblauchzehe
150 g Ciabatta
100 g Baby-Blattspinat
1 Kugel fettreduzierter Mozzarella

1 Backofen auf 200° C (Gas: Stufe 3, Umluft: 180° C) vorheizen. Aubergine und Zucchini waschen und in 2 cm große Würfel schneiden. Paprika waschen, entkernen und in Würfel schneiden. Gemüse mit 1 TL Öl und Pesto vermischen, mit Salz und Pfeffer würzen, auf einem mit Backpapier ausgelegten Backblech verteilen und im Backofen auf mittlerer Schiene 35–40 Minuten backen.

2 Knoblauch halbieren. Ciabatta in Scheiben schneiden, mit Knoblauch einreiben und in Würfel schneiden. Mit restlichem Öl beträufeln und auf einem mit Backpapier ausgelegten Backblech verteilen. Ciabatta im Backofen auf unterer Schiene ca. 10 Minuten rösten.

3 Gemüse und Ciabatta aus dem Backofen nehmen und ca. 10 Minuten abkühlen lassen. Spinat waschen, trocken schleudern und mit Gemüse vermischen. Mozzarella trocken tupfen, in Stücke zerteilen und mit Gemüse vermischen. Ciabatta unterheben und Pesto-Brot-Salat servieren.

Geschmorte grüne Bohnen mit Zitrone & Tomaten

Zubereitungszeit 10 Min.   Garzeit 20 Min.

    112 kcal | 467 kJ

Für 4 Personen
450 g grüne Bohnen
1 Zwiebel
3 Knoblauchzehen
2 EL Olivenöl
2 große Tomaten
1/2 TL getrockneter Oregano
3 EL Wasser
1 Zitrone
Salz, Pfeffer

1 Bohnen waschen und Enden abschneiden. Zwiebel schälen und in feine Streifen schneiden. Knoblauch hacken. Öl in einer großen Pfanne auf mittlerer Stufe erhitzen und Zwiebeln mit Knoblauch darin ca. 3 Minuten braten. Tomaten waschen und grob hacken. Tomaten, Oregano und Wasser dazugeben und ca. 5 Minuten mitgaren.

2 Bohnen zufügen und mit Deckel auf niedriger bis mittlerer Stufe 12–15 Minuten garen. 1 EL Zitronensaft auspressen und Zitrone in Spalten schneiden. Bohnen mit Zitronensaft verfeinern, mit Salz und Pfeffer abschmecken und mit Zitronenspalten servieren.

Artischocken
mit Parmesan-Knoblauch-Füllung

Zubereitungszeit 15 Min.   Garzeit 55 Min.

     173 kcal | 722 kJ

Für 4 Personen
4 große Artischocken
Salz, Pfeffer
80 g Mehrkornbrot
1 Schalotte
4 Knoblauchzehen
1 EL Olivenöl
60 ml Gemüsebrühe
(1/4 TL Instantpulver)
3 EL gehackte Petersilie
40 g geriebener Parmesan
1/2 Zitrone

1 Artischocken waschen, Stiele abschneiden und das obere Drittel der Artischockenblätter abschneiden. Artischocken in Salzwasser 35–40 Minuten garen, bis sich die inneren Blätter leicht herausziehen lassen.

2 Backofen auf 200° C (Gas: Stufe 3, Umluft: 180° C) vorheizen. Für die Füllung Brot in kleine Würfel schneiden. Schalotte schälen und mit Knoblauch fein würfeln. Öl in einer Pfanne auf mittlerer Stufe erhitzen und Schalotten mit Knoblauch darin ca. 6 Minuten braten. Schalotten und Knoblauch mit Brot, Brühe, Petersilie, Parmesan, Salz und Pfeffer vermischen. Die inneren Blätter und Heu der Artischocken entfernen und Füllung in die Artischocken geben.

3 Artischocken auf ein mit Backpapier ausgelegtes Backblech setzen und im Backofen auf mittlerer Schiene ca. 15 Minuten backen. Zitronenhälfte in Spalten schneiden und mit gefüllten Artischocken servieren.

Anikas
Lieblingsrezept

Gebackene Parmesan-Zucchini

Zubereitungszeit 20 Min.   Garzeit 20 Min.   Ziehzeit 10 Min.

     179 kcal | 749 kJ

Für 4 Personen
2 Zucchini (à ca. 200 g)
Salz, Pfeffer
25 g Mehl
2 Eier (Größe M)
1 Msp. Paprikapulver
1 TL getrockneter Oregano
25 g Paniermehl
25 g geriebener Parmesan
150 g Magermilchjoghurt
25 g Pesto verde (Fertigprodukt)

1 Backofen auf 200° C (Gas: Stufe 3, Umluft: 180° C) vorheizen. Zucchini waschen, in Scheiben schneiden, salzen, ca. 10 Minuten ziehen lassen und trocken tupfen. Mehl in einem tiefen Teller verteilen. Eier mit Paprikapulver, Oregano, Salz und Pfeffer in einem weiteren tiefen Teller verquirlen. Paniermehl und Parmesan in einem dritten tiefen Teller vermischen.

2 Zucchini zuerst im Mehl, dann in der Eiermischung und danach in der Panade wenden, auf einem mit Backpapier ausgelegten Backblech verteilen und im Backofen auf mittlerer Schiene 15–20 Minuten backen, dabei nach der Hälfte der Garzeit wenden. Für den Dip Joghurt mit Pesto marmorieren und mit Parmesan-Zucchini servieren.

Anikas Tipp

Eine schnell gemachte Vorspeise, die sich auch ideal als Fingerfood eignet, egal ob kalt oder warm! Der Dip schmeckt richtig frisch und passt perfekt dazu. Wenn du ein großes Stück Parmesan kaufst, kannst du immer die benötigte Menge frisch reiben – auch kleine Mengen, wie hier.

Tagliata alla Fiorentina

Zubereitungszeit 10 Min.   Garzeit 10 Min.

     201 kcal | 841 kJ

Für 4 Personen
400 g Rindersteak
Meersalz, grober Pfeffer
1 TL Rapsöl
100 g Rucola
1 EL Olivenöl
1 EL Zitronensaft
40 g Parmesanhobel

1 Steak trocken tupfen und mit Salz und Pfeffer würzen. Rapsöl in einer Pfanne auf hoher Stufe erhitzen, Steak darin ca. 5 Minuten von jeder Seite braten und herausnehmen. Steaks ca. 5 Minuten ruhen lassen und in Tranchen schneiden.

2 Rucola waschen, trocken schleudern und mit Olivenöl, Zitronensaft, Salz und Pfeffer vermischen. Steaktranchen auf einer Servierplatte anrichten, mit Rucola und Parmesan garnieren und Tagliata alla Fiorentina servieren.

Linsen-Bruschetta

Zubereitungszeit 15 Min.   Garzeit 10 Min.

2    84 kcal | 352 kJ

Für 12 Stück
2 Stangen Staudensellerie
100 g Baby-Blattspinat
2 Tomaten
1 kleine Zwiebel
2 Knoblauchzehen
150 g braune Linsen (Konserve)
6 Scheiben Vollkornbrot
3 TL Olivenöl
2 TL Zitronensaft
Salz, Pfeffer

1 Backofen auf 200° C (Gas: Stufe 3, Umluft: 180° C) vorheizen. Sellerie waschen und in feine Scheiben schneiden. Spinat waschen und trocken schleudern. Tomaten waschen und in Würfel schneiden. Zwiebel schälen und mit Knoblauch fein würfeln. Linsen abspülen und abtropfen lassen. Brot halbieren, mit 2 TL Öl beträufeln und im Backofen auf mittlerer Schiene 5–10 Minuten rösten.

2 Restliches Öl in einer Pfanne auf mittlerer Stufe erhitzen und Zwiebeln mit Knoblauch darin ca. 3 Minuten andünsten. Sellerie dazugeben und ca. 2 Minuten mitdünsten. Spinat zufügen, zusammenfallen lassen, Linsen und Tomaten unterheben und ca. 2 Minuten mitgaren. Linsenmischung mit Zitronensaft verfeinern, mit Salz und Pfeffer würzen, auf den Brotscheiben verteilen und Linsen-Bruschetta sofort servieren.

Florentiner Tomaten mit Ei

Zubereitungszeit 15 Min.   Garzeit 25 Min.

     166 kcal | 696 kJ

Für 4 Personen
4 große Tomaten
Salz, Pfeffer
100 g Baby-Blattspinat
2 TL Olivenöl
2 EL geriebener Parmesan
1 EL Paniermehl
4 Eier (Größe M)

1 Backofen auf 200° C (Gas: Stufe 3, Umluft: 180° C) vorheizen. Tomaten waschen, Deckel abschneiden und Tomaten aushöhlen. Tomatenfruchtfleisch auffangen, durch ein Sieb passieren und 60 ml Flüssigkeit beiseitestellen. Tomatendeckel hacken und Tomaten von innen salzen.

2 Spinat waschen und trocken schleudern. Öl in einer Pfanne auf mittlerer Stufe erhitzen und Spinat mit Tomatenflüssigkeit darin ca. 3 Minuten dünsten. Mit Salz und Pfeffer würzen und mit Parmesan und Paniermehl vermischen.

3 Tomaten auf einem mit Backpapier ausgelegten Backblech verteilen und mit Spinatmischung füllen, dabei Spinat mit einem Löffel an die Tomatenwände drücken. 1 Ei in jede Tomate schlagen, Tomaten mit Alufolie abdecken und im Backofen auf mittlerer Schiene ca. 10 Minuten backen. Alufolie entfernen und Tomaten weitere ca. 10 Minuten backen. Florentiner Tomaten mit Salz und Pfeffer würzen und servieren.

Zitroniger Fenchel-Radicchio-Salat

Zubereitungszeit 15 Min.   Garzeit 5 Min.

        57 kcal | 237 kJ

Für 4 Personen
2 Fenchelknollen
1 Radicchio
1 EL Olivenöl
Salz, Pfeffer
1/2 unbehandelte Zitrone
60 ml Wasser
2 EL gehackte glatte Petersilie

1 Fenchel waschen, halbieren, den Strunk entfernen und Fenchel in dünne Streifen schneiden. Fenchelgrün hacken. Radicchio waschen, trocken schleudern und Blätter in Streifen schneiden. Fenchel mit Öl beträufeln und mit Salz und Pfeffer würzen. Zitronenschale abreiben und Zitronenhälfte auspressen.

2 Eine Pfanne auf mittlerer Stufe erhitzen und Fenchel darin ca. 1 Minute braten. Mit Wasser ablöschen und mit Deckel ca. 3 Minuten garen. Fenchel auf hoher Stufe unter Rühren weitere ca. 2 Minuten braten. Radicchio, Petersilie, Zitronenschale und Zitronensaft dazugeben und mit Salz und Pfeffer abschmecken. Salat mit Fenchelgrün bestreut servieren.

Rote-Bete-Crostini mit Ricotta

Zubereitungszeit 10 Min.   Garzeit 10 Min.

     166 kcal | 695 kJ

Für 6 Stück
300 g Rote Bete
(vakuumverpackt)
1 TL Rapsöl
1 TL Kreuzkümmelsamen
4 EL dunkler Balsamicoessig
1 Knoblauchzehe
6 Scheiben Baguette
1 EL Olivenöl
30 g Feldsalat
120 g Ricotta
1 TL abgeriebene unbehandelte
Zitronenschale
Salz, Pfeffer

1 Rote Bete in dünne Spalten schneiden. Rapsöl in einer Pfanne auf mittlerer Stufe erhitzen und Rote Bete darin 2–3 Minuten braten. Kreuzkümmel zufügen, 2–3 Minuten mitbraten, mit Essig ablöschen und ca. 1 Minute köcheln lassen. Rote Bete herausnehmen.

2 Knoblauch halbieren. Baguette mit Olivenöl beträufeln, mit Knoblauch einreiben und im Bratensatz 1–2 Minuten von jeder Seite rösten.

3 Feldsalat waschen und trocken schleudern. Ricotta mit Zitronenschale, Salz und Pfeffer verrühren, Crostini damit bestreichen, Rote Bete darauf verteilen und mit Feldsalat garniert servieren.

Spinatsalat mit Pilzen, Bresaola und Nüssen

Zubereitungszeit 15 Min.   Garzeit 10 Min.

4–7   293 kcal | 1226 kJ

Für 2 Personen
250 g braune Champignons
100 g Baby-Blattspinat
120 g Avocado
60 g Bresaola (Rinderschinken)
Salz, Pfeffer
1 Prise geriebene Muskatnuss
2 EL dunkler Balsamicoessig
50 ml Gemüsebrühe
(1/4 TL Instantpulver)
2 EL gehackte Walnüsse

1 Champignons trocken abreiben und in Scheiben schneiden. Spinat waschen und trocken schleudern. Avocado halbieren, Stein entfernen, Fruchtfleisch aus der Schale lösen und in Würfel schneiden. Bresaola in Streifen schneiden.

2 Eine Pfanne auf mittlerer Stufe erhitzen, Bresaola darin fettfrei ca. 3 Minuten braten und herausnehmen. Champignons im Bratensatz ca. 5 Minuten braten und mit Salz, Pfeffer und Muskatnuss würzen. Mit Essig und Brühe ablöschen, Pfanne vom Herd nehmen und Spinat und Avocado unterheben. Spinatsalat mit Bresaola auf Tellern anrichten und mit Walnüssen bestreuen. Buon appetito!

 **Jetzt Video zu Küchentipp entdecken:**
Avocado schälen und schneiden

Leckere Nudeln & knusprige Pizza

Neapolitanische Gemüsepizza

Zubereitungszeit 25 Min.   Garzeit 20 Min.   Gehzeit 4 Std.

5   189 kcal | 792 kJ

Für 6 Stücke

1/4 Würfel frische Hefe
1 TL Zucker
130 ml warmes Wasser
220 g Pizzamehl
(alternativ Weizenmehl)
Salz, Pfeffer
1 rote Zwiebel
4 Stängel Basilikum
1 TL Olivenöl
1 Knoblauchzehe
150 g stückige Tomaten
(Konserve)
1 TL getrockneter Oregano
1/2 kleine Zucchini
3 braune Champignons
1/2 rote Paprika
6 entsteinte schwarze Oliven
in Lake
50 g geriebener Mozzarella,
45 % Fett i. Tr.

1 Hefe zerbröckeln und mit 1/2 TL Zucker in Wasser auflösen. 210 g Mehl mit 1 TL Salz vermischen und mit Hefemischung zu einem glatten Teig verkneten. Teig an einem warmen Ort zugedeckt ca. 4 Stunden gehen lassen.

2 Zwiebel schälen, 1/2 Zwiebel fein würfeln und restliche Zwiebel in Streifen schneiden. Basilikum waschen, trocken schütteln und hacken. Öl in einem Topf auf mittlerer Stufe erhitzen, Knoblauch dazupressen und mit Zwiebelwürfeln darin ca. 3 Minuten andünsten. Mit Tomaten ablöschen und mit restlichem Zucker, Oregano und der Hälfte des Basilikums verfeinern. Sauce mit Salz und Pfeffer würzen und auf niedriger Stufe ca. 8 Minuten köcheln lassen.

3 Backofen auf höchster Stufe oder 240° C Umluft vorheizen. Zucchini waschen und längs in dünne Streifen hobeln. Champignons trocken abreiben und in dünne Scheiben schneiden. Paprika waschen, entkernen und in feine Streifen schneiden. Oliven halbieren.

4 Arbeitsfläche mit restlichem Mehl bestreuen und Teig darauf mit den Händen zu einer ovalen Pizza formen. Teig auf ein mit Backpapier ausgelegtes Backblech legen, mit Tomatensauce bestreichen, mit Mozzarella bestreuen und mit Paprika, Champignons, Zucchini, Zwiebelstreifen und Oliven belegen. Pizza im Backofen auf mittlerer Schiene 10–13 Minuten backen, mit restlichem Basilikum bestreuen, schräg in Stücke schneiden und servieren.

Zeit zu gehen

Je länger dein Teig geht, desto würziger und elastischer wird er – am besten lässt du ihn 1–2 Tage im Kühlschrank. Vor der Verwendung sollte er wieder Zimmertemperatur haben.

Titelrezept

Bunte Gemüselasagne

Zubereitungszeit 30 Min.   Garzeit 85 Min.   Kühlzeit 10 Min.

     250 kcal | 1045 kJ

Für 8 Personen
1 Zwiebel
1 Aubergine
1 Zucchini
1 rote Chilischote
300 g Hokkaidokürbis-
fruchtfleisch
2 TL Olivenöl
2 Knoblauchzehen
Salz, Pfeffer
1 kg stückige Tomaten (Konserve)
400 ml Gemüsebrühe
(2 TL Instantpulver)
80 g Baby-Blattspinat
1/2 TL geriebene Muskatnuss
500 g Hüttenkäse,
bis 0,5 % Fett absolut
250 g trockene Vollkorn-
Lasagneblätter
40 g geriebener Mozzarella,
45 % Fett i. Tr.
4 Stängel Basilikum

1 Zwiebel schälen und fein würfeln. Aubergine und Zucchini waschen und in Würfel schneiden. Chilischote waschen, entkernen und in Ringe schneiden. Kürbis in kleine Stücke schneiden. 1 TL Öl in einem Topf auf mittlerer Stufe erhitzen und Zwiebeln mit Auberginen, Zucchini, Kürbis und Chili darin ca. 5 Minuten rundherum anbraten. 1 Knoblauchzehe dazupressen, mit Salz und Pfeffer würzen und weitere ca. 2 Minuten braten. Gemüse mit Tomaten und 370 ml Brühe ablöschen, aufkochen und mit Deckel ca. 30 Minuten köcheln lassen.

2 Backofen auf 180° C (Gas: Stufe 2, Umluft: 160° C) vorheizen. Spinat waschen und trocken schleudern. Restlichen Knoblauch pressen. Restliches Öl in einer Pfanne auf mittlerer Stufe erhitzen, Spinat, Knoblauch und restliche Brühe darin ca. 3 Minuten andünsten und mit Muskatnuss würzen. Hüttenkäse pürieren, Spinatmischung dazugeben und grob pürieren.

3 Gemüse-Tomaten-Mischung abwechselnd mit Lasagneblättern in eine Auflaufform (ca. 20 x 30 cm) schichten, dabei mit Gemüse-Tomaten-Mischung beginnen und mit Lasagneblättern abschließen. Lasagne mit Hüttenkäse-Spinat-Mischung bestreichen, mit Mozzarella bestreuen und im Backofen auf mittlerer Schiene 40–45 Minuten backen. Basilikum waschen, trocken schütteln und Blätter abzupfen. Lasagne ca. 10 Minuten abkühlen lassen, in Stücke schneiden und mit Basilikum bestreut servieren.

Selbstgemachte Pasta mit Antipasti-Gemüse

Zubereitungszeit 40 Min.　Garzeit 25 Min.　Kühlzeit 60 Min.

8–9 　　366 kcal | 1532 kJ

Für 4 Personen
120 g Mehl
100 g Hartweizengrieß
Salz, Pfeffer
2 Eier (Größe M)
2 EL Olivenöl
1 rote Paprika
1 Zucchini
1 Aubergine
1 Dose Artischockenherzen in Lake (240 g Abtropfgewicht)
4 Stängel Oregano
1 Knoblauchzehe
1 EL dunkler Balsamicoessig
250 g stückige Tomaten (Konserve)

Jetzt Video zu Küchentipp entdecken:
Nudeln selber machen

1　100 g Mehl mit Grieß und 1/2 TL Salz vermischen, auf eine Arbeitsfläche geben und in der Mitte eine Mulde formen. Eier hineinschlagen, 1 EL Öl dazugeben, mit einer Gabel verquirlen und mit den Händen ca. 8 Minuten zu einem glatten Teig verkneten. Teig in Folie wickeln und ca. 60 Minuten kalt stellen.

2　Backofen auf 200° C (Gas: Stufe 3, Umluft: 180° C) vorheizen. Paprika waschen, entkernen und in Stücke schneiden. Zucchini und Aubergine waschen und würfeln. Artischocken abgießen und halbieren. Oregano waschen, trocken schütteln und hacken. Knoblauch pressen. Gemüse auf einem mit Backpapier ausgelegten Backblech verteilen, mit restlichem Öl, Essig, der Hälfte des Oreganos, Salz und Pfeffer vermischen und im Backofen auf mittlerer Schiene ca. 20 Minuten backen.

3　Arbeitsfläche mit 15 g Mehl bestäuben, Teig in 4 Teile teilen und darauf jeweils sehr dünn rechteckig ausrollen. Teig von der kurzen Seite her mehrmals übereinander falten, dabei Teig mit restlichem Mehl bestreuen. Nudelteig in ca. 0,5 cm breite Streifen schneiden. Bandnudeln in kochendem Salzwasser 2–3 Minuten garen, abgießen und mit Antipasti-Gemüse und Tomaten mischen. Selbstgemachte Pasta mit restlichem Oregano bestreut servieren.

Tipps

Statt den Teig mit einem Nudelholz auszurollen, kannst du auch eine Nudelmaschine verwenden und dabei den Teig regelmäßig mit Mehl bestäuben, damit er nicht zusammenklebt. Lange Nudeln lassen sich auch mithilfe der Nudelmaschine schneiden, zum Beispiel in dünne Spaghetti oder breitere Tagliatelle. Wenn du die Nudeln trocknen möchtest, hänge sie über einen Ständer und lasse sie komplett an der Luft trocknen.

Parmaschinken-Tomaten-Pizza

Zubereitungszeit 20 Min.   Garzeit 20 Min.   Gehzeit 60 Min.

     178 kcal | 746 kJ

Für 8 Stücke
1/4 Würfel frische Hefe
1 TL Zucker
130 ml warmes Wasser
250 g Mehl
Salz, Pfeffer
200 g passierte Tomaten
(Konserve)
2 TL getrocknete italienische
Kräuter
60 g geriebener Mozzarella,
45 % Fett i. Tr.
1 kleine rote Zwiebel
1 Knoblauchzehe
125 g bunte Cocktailtomaten
1 TL Olivenöl
1 EL dunkler Balsamicoessig
3 Scheiben Parmaschinken
1 EL geriebener Parmesan

1 Hefe zerbröckeln und mit Zucker in Wasser auflösen. 240 g Mehl mit 1 TL Salz vermischen, Hefemischung dazugeben und zu einem glatten Teig verkneten. Teig an einem warmen Ort zugedeckt ca. 60 Minuten gehen lassen. Für die Tomatensauce Tomaten mit 1 TL Kräutern, Salz und Pfeffer verrühren.

2 Backofen auf 200° C (Gas: Stufe 3, Umluft: 180° C) vorheizen. Arbeitsfläche mit restlichem Mehl bestreuen und Teig darauf rund ausrollen. Teig auf ein mit Backpapier ausgelegtes Backblech legen, mit Tomatensauce bestreichen und mit Mozzarella bestreuen. Pizza im Backofen auf mittlerer Schiene 15–20 Minuten backen.

3 Für das Topping Zwiebel schälen und mit Knoblauch fein würfeln. Tomaten waschen und halbieren. Zwiebeln, Knoblauch, Tomaten, restliche Kräuter, Öl und Essig vermischen und mit Salz und Pfeffer abschmecken. Topping auf die Pizza geben, Parmaschinken darauf verteilen, mit Parmesan bestreuen und in Stücke schneiden. Parmaschinken-Tomaten-Pizza servieren.

Linsennudeln mit Sardellen und Kapern

Zubereitungszeit 15 Min.   Garzeit 15 Min.

3-8   312 kcal | 1306 kJ

Für 4 Personen

250 g trockene WW Linsen-spaghetti
Salz, Pfeffer
12 Sardellenfilets in Salzlake
2 Knoblauchzehen
1 unbehandelte Zitrone
2 EL Kapern
30 g Parmesan
1 Scheibe glutenfreies Sauerteigbrot
2 TL Olivenöl

1   Nudeln nach Packungsanweisung in Salzwasser garen, abgießen und dabei ca. 200 ml Nudelwasser auffangen. Sardellenfilets mit Knoblauch fein hacken. 1 TL Zitronenschale abreiben und Zitrone auspressen. Kapern hacken. 15 g Parmesan reiben und restlichen Parmesan hobeln. Brot sehr fein würfeln.

2   1 TL Öl in einer Pfanne auf hoher Stufe erhitzen, Brot darin 3–4 Minuten rösten und herausnehmen. Restliches Öl im Bratensatz auf mittlerer Stufe erhitzen und Sardellen, Knoblauch und Kapern darin ca. 2 Minuten braten. Zitronensaft, -schale, Nudeln, Nudelwasser und geriebenen Parmesan zufügen, mit Salz und Pfeffer würzen und unterrühren. Pasta mit Brotbröseln und gehobeltem Parmesan garniert servieren.

Gut kombiniert

Dazu passt ein bunter Salat.

Feiner Pastagenuss

Die WW Spaghetti aus Linsen sind glutenfrei und voller Proteine. Erhältlich im WW Studio oder unter wwshop.de.

One Pot Pasta mit Tatar und Artischocken

Zubereitungszeit 15 Min.   Garzeit 20 Min.

        443 kcal | 1855 kJ

Für 2 Personen
1 kleine Zwiebel
1 rote Paprika
1 TL Rapsöl
250 g Tatar
Salz, Pfeffer
1/2 TL Paprikapulver
400 ml Gemüsebrühe
(2 TL Instantpulver)
100 g trockene Fusilli
1 Dose Artischockenherzen in
Lake (240 g Abtropfgewicht)
1 EL geriebener Parmesan
1 EL gehacktes Basilikum

1 Zwiebel schälen und würfeln. Paprika waschen, entkernen und in Stücke schneiden. Öl in einem Topf auf mittlerer bis hoher Stufe erhitzen und Tatar darin krümelig anbraten. Zwiebeln und Paprika dazugeben, mit Salz, Pfeffer und Paprikapulver würzen und weitere 3–5 Minuten mitbraten.

2 Brühe und Nudeln dazugeben und ca. 10 Minuten unter gelegentlichem Rühren garen. Artischocken abtropfen lassen, halbieren, mit Parmesan unter die Nudeln rühren und ca. 2 Minuten mitgaren. One Pot Pasta mit Basilikum bestreut servieren.

Pizza Pollo mit Pesto

Zubereitungszeit 20 Min.   Garzeit 40 Min.   Kühlzeit 30 Min.

      580 kcal | 2426 kJ

Für 2 Personen
200 g Hähnchenbrustfilet
Salz, Pfeffer
170 g griechischer Joghurt,
Natur, bis 0,2 % Fett
180 g Mehl
2 TL Backpulver
2 Stängel Basilikum
100 g passierte Tomaten
(Konserve)
1 Knoblauchzehe
80 g fettreduzierter Mozzarella
1 EL Pesto verde (Fertigprodukt)
50 g Pflücksalatmischung
(Kühltheke)

1 Hähnchenbrustfilet trocken tupfen, in Salzwasser ca. 20 Minuten garen, abtropfen lassen und ca. 30 Minuten kalt stellen.

2 Backofen auf 220° C (Gas: Stufe 4, Umluft: 200° C) vorheizen. Joghurt, 170 g Mehl, Backpulver und 1 TL Salz zu einem glatten Teig verkneten, halbieren und zu zwei Kugeln formen. Arbeitsfläche mit restlichem Mehl bestäuben und Teig darauf jeweils rund (Ø ca. 20 cm) ausrollen. Pizzen nebeneinander auf ein mit Backpapier ausgelegtes Backblech legen und im Backofen auf mittlerer Schiene ca. 15 Minuten backen.

3 Basilikum waschen, trocken schütteln, Blätter abzupfen und zwei Drittel fein hacken. Für die Tomatensauce Tomaten mit gehacktem Basilikum verrühren, Knoblauch dazupressen und mit Salz und Pfeffer würzen. Mozzarella trocken tupfen und mit Hähnchenbrustfilet in Scheiben schneiden.

4 Pizza mit Tomatensauce bestreichen, mit Hähnchen und Mozzarella belegen, mit Pesto beträufeln und weitere ca. 5 Minuten backen. Salat waschen und trocken schleudern. Pizza Pollo mit restlichem Basilikum bestreuen und mit Pflücksalat servieren.

Linguine mit Gorgonzola und Rucola

Zubereitungszeit 15 Min.   Garzeit 15 Min.

     372 kcal | 1556 kJ

Für 4 Personen
2 Schalotten
2 Knoblauchzehen
200 g Rucola
250 g trockene Linguine
Salz, Pfeffer
2 EL Walnüsse
2 TL Olivenöl
200 ml Gemüsebrühe
(1 TL Instantpulver)
2 TL süßer Senf
100 g Frischkäse,
bis 5 % Fett absolut
1 EL italienische Kräuter (TK)
50 g Gorgonzola, 50 % Fett i. Tr.
2 EL Kapern
1/2 TL Chiliflocken

1 Schalotten schälen und würfeln. Knoblauch hacken. Rucola waschen und trocken schleudern. Nudeln nach Packungsanweisung in Salzwasser garen. Walnüsse grob hacken und fettfrei in einer Pfanne auf mittlerer Stufe 2–3 Minuten rösten.

2 Öl in einer tiefen Pfanne auf mittlerer Stufe erhitzen und Schalotten mit Knoblauch darin 3–5 Minuten anbraten. Mit Brühe ablöschen, Senf und Frischkäse einrühren, mit Kräutern verfeinern und mit Salz und Pfeffer würzen.

3 Nudeln abgießen, mit 150 g Rucola in die Pfanne geben und unterheben. Gorgonzola unterrühren und Linguine mit restlichem Rucola, Kapern, Walnüssen und Chiliflocken bestreuen. Guten Appetit!

Klassische Pizza quattro stagioni

Zubereitungszeit 25 Min.   Garzeit 20 Min.   Gehzeit 60 Min.

      188 kcal | 788 kJ

Für 8 Stücke
1/4 Würfel frische Hefe
1 TL Zucker
130 ml warmes Wasser
250 g Dinkelmehl
Salz, Pfeffer
200 g passierte Tomaten
(Konserve)
1 TL getrocknete italienische
Kräuter
1 kleine Zwiebel
3 Champignons
1 kleine gelbe Paprika
30 g fettreduzierte Salami
1 Scheibe gekochter Schinken
6 entsteinte schwarze Oliven
in Lake
1/2 Dose Thunfisch im eigenen
Saft (75 g Abtropfgewicht)
2 EL Mais (Konserve)
80 g geriebener Käse,
30 % Fett i. Tr.
1 EL gehackter Oregano

1 Hefe zerbröckeln und mit Zucker in Wasser auflösen. 240 g Mehl mit 1 TL Salz vermischen, Hefemischung dazugeben und zu einem glatten Teig verkneten. Teig an einem warmen Ort zugedeckt ca. 60 Minuten gehen lassen.

2 Für die Sauce Tomaten, italienische Kräuter, Salz und Pfeffer verrühren. Zwiebel schälen und in Streifen schneiden. Champignons trocken abreiben und in Scheiben schneiden. Paprika waschen, entkernen und in Würfel schneiden. Salami und Schinken in Streifen schneiden. Oliven in Ringe schneiden. Thunfisch und Mais abgießen.

3 Backofen auf 200° C (Gas: Stufe 3, Umluft: 180° C) vorheizen. Arbeitsfläche mit restlichem Mehl bestreuen und Teig darauf rechteckig ausrollen. Teig auf ein mit Backpapier ausgelegtes Backblech legen, mit Tomatensauce bestreichen und mit 30 g Käse bestreuen.

4 Pizza viertelweise mit Salami und Paprika, mit Schinken und Oliven, mit Thunfisch und Zwiebeln und mit Champignons und Mais belegen und mit restlichem Käse bestreuen. Pizza quattro stagioni im Backofen auf mittlerer Schiene ca. 20 Minuten backen, mit Oregano bestreuen, in Stücke schneiden und servieren.

Conchiglioni-Gemüse-Auflauf

Zubereitungszeit 20 Min.   Garzeit 30 Min.

     411 kcal | 1720 kJ

Für 4 Personen
1 Zucchini
1 Aubergine
je 1 rote und gelbe Paprika
1 rote Zwiebel
240 g trockene große
Muschelnudeln (Conchiglioni)
Salz, Pfeffer
2 TL Olivenöl
2 Knoblauchzehen
1 EL gehackter Thymian
2 Prisen Chiliflocken
16 entsteinte grüne Oliven in Lake
800 g stückige Tomaten
(Konserve)
1 Prise Zucker
1/2 TL getrocknete italienische
Kräuter
50 g Pecorino
(alternativ Parmesan)

1 Zucchini und Aubergine waschen und in kleine Würfel schneiden. Paprika waschen, entkernen und in kleine Stücke schneiden. Zwiebel schälen und in Streifen schneiden. Nudeln nach Packungsanweisung in Salzwasser garen.

2 Öl in einer Pfanne auf mittlerer Stufe erhitzen und Zwiebeln darin ca. 2 Minuten andünsten. Knoblauch dazupressen und ca. 1 Minute mitdünsten. Gemüse zufügen und ca. 10 Minuten mitbraten. Gemüsemischung mit Thymian verfeinern und mit Salz, Pfeffer und mit 1 Prise Chiliflocken würzen. Backofen auf 200° C (Gas: Stufe 3, Umluft: 180° C) vorheizen.

3 Oliven mit Tomaten, Zucker, italienischen Kräutern, restlichen Chiliflocken, Salz und Pfeffer in einer Auflaufform (ca. 20 x 30 cm) vermischen. Nudeln abgießen, mit Gemüse zur Sauce geben und verrühren. Pecorino reiben, Auflauf damit bestreuen und im Backofen auf mittlerer Schiene ca. 15 Minuten backen. Conchiglioni-Gemüse-Auflauf genießen.

Pasta mit sommerlicher Tomatensauce

Zubereitungszeit 15 Min.   Garzeit 85 Min.

    317 kcal | 1326 kJ

Für 4 Personen
1 große Zwiebel
2 Knoblauchzehen
1 kg Tomaten
4 Stängel Basilikum
1 EL Olivenöl
1 EL Tomatenmark
Salz, Pfeffer
1 TL Zucker
250 g trockene Penne

1 Zwiebel schälen und fein würfeln. Knoblauch in dünne Scheiben schneiden. Tomaten waschen und vierteln. Basilikum waschen, trocken schütteln und Blätter abzupfen.

2 Öl in einem großen Topf auf mittlerer Stufe erhitzen und Zwiebeln mit Knoblauch darin ca. 5 Minuten andünsten. Tomatenmark einrühren, Tomaten dazugeben, mit Salz und Pfeffer würzen und mit Deckel auf niedriger Stufe ca. 60 Minuten köcheln lassen, dabei gelegentlich umrühren.

3 Sauce fein pürieren, mit Zucker verfeinern und weitere ca. 20 Minuten köcheln lassen. Nudeln nach Packungsanweisung in Salzwasser garen und abgießen. Tomatensauce mit Salz und Pfeffer abschmecken. Pasta mit Sauce anrichten und mit Basilikum bestreut servieren.

Gut kombiniert

Dazu passt der zitronige Fenchel-Radicchio-Salat von S. 33.

Bunte Pizza mit Broccoliboden

Zubereitungszeit 15 Min.   Garzeit 40 Min.

6-8   259 kcal | 1085 kJ

Für 4 Personen
250 g Cocktailtomaten
2 TL Honig
Salz, Pfeffer
1 Msp. Chiliflocken
2 Broccoli
2 Eier (Größe M)
50 g geriebener Parmesan
30 g Flohsamenschalen
60 g Parmaschinken
25 g Rucola
2 Stängel Basilikum
60 g geriebener Mozzarella,
45 % Fett i. Tr.

1 Backofen auf 200° C (Gas: Stufe 3, Umluft: 180° C) vorheizen. Tomaten waschen, halbieren, mit Honig, 1 TL Salz und Chiliflocken auf einem mit Backpapier ausgelegten Backblech verteilen und im Backofen auf mittlerer Schiene ca. 20 Minuten garen.

2 Broccoli waschen, in Röschen teilen und fein hacken. Eier mit Parmesan, Flohsamenschalen, Salz und Pfeffer verquirlen und mit Broccoli vermischen. Mischung auf einem mit Backpapier ausgelegten Backblech glatt verstreichen und im Backofen auf mittlerer Schiene ca. 15 Minuten backen.

3 Parmaschinken in mundgerechte Stücke zerteilen. Rucola waschen und trocken schleudern. Basilikum waschen, trocken schütteln und Blätter abzupfen. Mozzarella und Tomaten auf dem Broccoliboden verteilen und 5–7 Minuten fertig backen. Parmaschinken, Rucola und Basilikum darauf verteilen und Pizza genießen.

Pappardelle mit Salsiccia und Wirsing

Zubereitungszeit 15 Min.   Garzeit 20 Min.

     451 kcal | 1888 kJ

Für 4 Personen
200 g Salsiccia (Fenchelwurst)
600 g Wirsing
1 Zwiebel
2 TL Rapsöl
250 ml Geflügelfond
4 Stängel Petersilie
220 g trockene Pappardelle
Salz, Pfeffer
30 g geriebener Parmesan

1 Salsiccia in Stücke zerteilen. Wirsing putzen, vierteln, den Strunk entfernen und Wirsing in feine Streifen schneiden. Zwiebel schälen und fein würfeln. 1 TL Öl in einer großen Pfanne auf mittlerer bis hoher Stufe erhitzen, Salsiccia darin ca. 5 Minuten rundherum braten und herausnehmen.

2 Restliches Öl im Bratensatz erhitzen und Wirsing mit Zwiebeln darin 3–5 Minuten anbraten. Mit Fond ablöschen und ca. 5 Minuten köcheln lassen. Petersilie waschen, trocken schütteln und fein hacken.

3 Nudeln nach Packungsanweisung in Salzwasser garen, abgießen, mit Wirsing und Salsiccia mischen, mit Salz und Pfeffer würzen, mit Petersilie verfeinern und mit Parmesan bestreuen. Pappardelle servieren.

Pasta Vongole mit Tomaten

Zubereitungszeit 10 Min.   Garzeit 20 Min.

     389 kcal | 1627 kJ

Für 4 Personen
250 g trockene Tagliatelle
Salz, Pfeffer
500 g Cocktailtomaten
2 Knoblauchzehen
1/2 Bund Petersilie
1 EL Olivenöl
1/2 TL Chiliflocken
1 EL gehacktes Basilikum
220 ml trockener Weißwein
200 g Muscheln in Tomatensauce
(Konserve)

1 Nudeln nach Packungsanweisung in Salzwasser garen. Tomaten waschen und halbieren. Knoblauch fein hacken. Petersilie waschen, trocken schütteln und hacken.

2 Öl in einer tiefen Pfanne auf mittlerer Stufe erhitzen und Knoblauch mit Chiliflocken darin ca. 1 Minute andünsten. Tomaten, die Hälfte der Petersilie und Basilikum dazugeben und ca. 2 Minuten mitdünsten.

3 Wein und Muscheln samt Sauce dazugeben, aufkochen und auf niedriger Stufe ca. 5 Minuten köcheln lassen. Nudeln abgießen, zur Sauce geben und unterrühren. Pasta Vongole mit Salz und Pfeffer abschmecken und mit restlicher Petersilie garnieren.

Jetzt Video zu Küchentipp entdecken:
Cocktailtomaten schneller halbieren

Nudelsalat mit Pestohähnchen

Zubereitungszeit 15 Min.   Garzeit 20 Min.

9–11   439 kcal | 1835 kJ

Für 4 Personen
4 Hähnchenbrustfilets (à 120 g)
2 EL Pesto verde (Fertigprodukt)
1 TL Rapsöl
160 g trockene Kritharakinudeln
Salz, Pfeffer
1 Broccoli
250 g Cocktailtomaten
2 EL Pinienkerne
je 1/2 Bund Basilikum und Minze
1 unbehandelte Zitrone
1 EL Olivenöl
2 EL gehobelter Parmesan

1 Hähnchenbrustfilets trocken tupfen, zwischen Frisch-haltefolie flacher klopfen und mit 1 EL Pesto bestreichen. Rapsöl in einer Pfanne auf mittlerer bis hoher Stufe erhitzen und Hähnchen mit Pestoseite nach unten 5–7 Minuten braten. Hähnchen mit restlichem Pesto bestreichen, wenden und weitere 5–7 Minuten braten. Hähnchen herausnehmen und in breite Streifen schneiden.

2 Nudeln nach Packungsanweisung in Salzwasser garen. Broccoli waschen, in Röschen teilen, zu den Nudeln geben und ca. 5 Minuten mitgaren. Tomaten waschen und halbie-ren. Pinienkerne fettfrei in einer Pfanne auf mittlerer Stufe 2–3 Minuten rösten. Basilikum und Minze waschen, trocken schütteln und grob hacken. Broccoli und Nudeln abgießen und mit Hähnchen, Tomaten, Basilikum und Minze mischen.

3 2 TL Zitronenschale abreiben und Zitrone auspressen. Für das Dressing Zitronenschale mit Zitronensaft und Olivenöl verrühren und mit Salz und Pfeffer würzen. Nudelsalat mit Dressing beträufeln und mit Pinienkernen und Parmesan be-streuen. Buon appetito!

Anikas Tipp

Sehr lecker, sättigend und eine richtig schöne Abwechslung zum „klassischen" Nudelsalat. Hier kannst du das restliche Pesto von S. 25 verwenden – toll!

Tomaten-Auberginen-Puttanesca

Zubereitungszeit 20 Min.   Garzeit 50 Min.

1–8      400 kcal | 1674 kJ

Für 4 Personen
1 kleine Aubergine
1 rote Paprika
2 Knoblauchzehen
800 g stückige Tomaten
(Konserve)
250 ml vegane Gemüsebrühe
(1 TL Instantpulver)
2 TL Kapern
1 TL getrockneter Oregano
1/2 TL Chiliflocken
Salz, Pfeffer
250 g trockene Vollkorn-
Fettuccine
1 Dose Kichererbsen
(265 g Abtropfgewicht)
50 g Kalamata Oliven
1/2 Bund glatte Petersilie

1 Aubergine und Paprika waschen, Paprika entkernen und mit Aubergine in kleine Stücke schneiden. Knoblauch pressen. Aubergine, Paprika und Knoblauch mit Tomaten, Brühe, Kapern, Oregano, Chiliflocken, Salz und Pfeffer in einem Topf auf mittlerer Stufe mit Deckel ca. 45 Minuten köcheln lassen, dabei gelegentlich umrühren.

2 Nudeln nach Packungsanweisung in Salzwasser garen. Kichererbsen abspülen und abtropfen lassen. Oliven entsteinen. Petersilie waschen, trocken schütteln und hacken.

3 Kichererbsen und Oliven zur Tomaten-Auberginen-Sauce geben, ca. 5 Minuten erwärmen und mit Salz und Pfeffer abschmecken. Fettuccine abgießen, mit Tomaten-Auberginen-Puttanesca anrichten, mit Petersilie bestreuen und servieren.

Broccoli-Mandel-Pesto

Zubereitungszeit 10 Min.
Garzeit 10 Min.
Für 4 Personen
127 kcal | 532 kJ

200 g Broccoliröschen waschen und in **Salzwasser** ca. 10 Minuten garen. **1/2 Bund Minze** waschen und trocken schütteln. **1 TL Zitronenschale** abreiben und **1/2 unbehandelte Zitrone** auspressen. Broccoli gut abtropfen lassen und mit **50 g gemahlenen Mandeln**, Minze, **1 Knoblauchzehe**, **1 EL Olivenöl**, Zitronenschale und -saft pürieren. Broccoli-Mandel-Pesto mit Salz und **Pfeffer** abschmecken.

Tomaten-Cashew-Pesto

Zubereitungszeit 10 Min.   Einweichzeit 10 Min.
Für 4 Personen
120 kcal | 502 kJ

100 g getrocknete Tomaten ohne Öl ca. 10 Minuten in **100 ml veganer Gemüsebrühe (1/2 TL Instantpulver)** einweichen. **1/2 Bund Basilikum** waschen und trocken schütteln. Tomaten samt Brühe mit **1 Knoblauchzehe**, Basilikum, **30 g Cashewnüssen**, **1 EL Olivenöl**, **1 Msp. Chiliflocken** und **1/2 TL Kreuzkümmel** pürieren. Tomaten-Cashew-Pesto mit **Salz** und **Pfeffer** abschmecken.

Rucolapesto Genovese

Zubereitungszeit 5 Min.
Garzeit 5 Min.   Kühlzeit 5 Min.
Für 4 Personen
128 kcal | 534 kJ

4

40 g Pinienkerne fettfrei in einer Pfanne auf mittlerer Stufe 2–3 Minuten rösten und ca. 5 Minuten abkühlen lassen. **100 g Rucola** waschen, trocken schleudern und mit **1 Knoblauchzehe**, Pinienkernen, **2 EL gehackter Petersilie**, **1 EL Olivenöl**, **50 ml Gemüsebrühe (1/4 TL Instantpulver)** und **20 g geriebenem Parmesan** pürieren. Rucolapesto mit **Salz** und **Pfeffer** abschmecken.

Olivenpesto Picanto

Zubereitungszeit 10 Min.
Für 4 Personen
67 kcal | 282 kJ

2

1 kleine rote Chilischote waschen, entkernen und mit je **40 g entsteinten grünen und schwarzen Oliven in Lake**, **150 g Frischkäse, bis 5 % Fett absolut**, **1 EL Zitronensaft** und **2 TL getrocknetem Oregano** pürieren. Olivenpesto Picanto mit **Salz** und **Pfeffer** abschmecken.

Thunfischsauce mit Kapern

Zubereitungszeit 10 Min.
Garzeit 10 Min.
Für 4 Personen
165 kcal | 692 kJ

3–4

1 rote Zwiebel schälen und fein würfeln. **1 gelbe Chilischote** waschen, entkernen und in Ringe schneiden. **2 Dosen Thunfisch im eigenen Saft (à 150 g Abtropfgewicht)** abtropfen lassen. **2 TL Olivenöl** in einem Topf auf mittlerer Stufe erhitzen und Zwiebeln mit Chili und Thunfisch darin ca. 2 Minuten anbraten. Mit **200 ml Gemüsebrühe (1 TL Instantpulver)** ablöschen, mit **Salz** und **Pfeffer** würzen und weitere ca. 5 Minuten garen. **150 g Frischkäse, bis 5 % Fett absolut** und **2 EL geriebenen Parmesan** einrühren, mit **2 EL Kapern** und **1 TL getrocknetem Thymian** verfeinern und Sauce auf niedriger Stufe weitere 3–5 Minuten garen. Thunfischsauce mit Salz und Pfeffer abschmecken servieren.

Pilz-Petersilien-Sauce

Zubereitungszeit 10 Min.
Garzeit 20 Min.
Für 4 Personen
112 kcal | 469 kJ

4

1 Zwiebel schälen und fein würfeln. **500 g braune Champignons** trocken abreiben und fein würfeln. **2 TL Olivenöl** in einem Topf auf mittlerer Stufe erhitzen und Zwiebeln darin 2–3 Minuten andünsten. **1 Knoblauchzehe** dazupressen, Champignons zufügen, mit **Salz** und **Pfeffer** würzen und ca. 5 Minuten mitdünsten. Mit **150 ml Gemüsebrühe (1/2 TL Instantpulver)** ablöschen, **150 g Crème légère** und **3 EL gehackte Petersilie** zufügen und auf niedriger Stufe ca. 10 Minuten garen. Pilz-Petersilien-Sauce mit **1 Prise geriebener Muskatnuss**, Salz und Pfeffer würzen.

Bolognese ragù

Zubereitungszeit 10 Min.   Garzeit 30 Min.
Für 4 Personen
217 kcal | 907 kJ

1 Bund Suppengemüse mit **1 Zwiebel** schälen und fein würfeln. **Petersilie** waschen, trocken schütteln und hacken. **2 TL Olivenöl** in einem Topf auf mittlerer Stufe erhitzen, **400 g Tatar** darin krümelig anbraten und mit **Salz**, **Pfeffer** und **1 TL Paprikapulver** würzen. Karotten, Sellerie, Lauch und Zwiebeln zufügen und ca. 5 Minuten mitbraten. Mit **100 ml trockenem Rotwein** und **200 ml Rinderfond** ablöschen, mit **1 TL getrocknetem Oregano** verfeinern und Sauce auf niedriger Stufe ca. 10 Minuten garen. **400 g passierte Tomaten (Konserve)** dazugeben und ca. 10 Minuten mitgaren. Bolognese ragù mit Petersilie bestreuen.

Zitronen-Ricotta-Sauce

Zubereitungszeit 10 Min.
Garzeit 15 Min.
Für 4 Personen
163 kcal | 683 kJ

1 TL Zitronenschale abreiben, **2 EL Zitronensaft** auspressen und **1/2 unbehandelte Zitrone** in Spalten schneiden. **1 EL Halbfettmargarine** in einem Topf auf mittlerer Stufe schmelzen, mit **1 EL Mehl** bestäuben und anschwitzen. Mit **250 ml fettarmer Milch** ablöschen und unter ständigem Rühren aufkochen. Sauce mit **Salz** und **Pfeffer** würzen und auf niedriger Stufe ca. 2 Minuten köcheln lassen. **150 g Frischkäse, bis 5 % Fett absolut** und **150 g Ricotta** einrühren und mit Zitronenschale, -saft und **2 TL getrockneten italienischen Kräutern** verfeinern. Zitronen-Ricotta-Sauce weitere ca. 5 Minuten garen, mit Salz und Pfeffer abschmecken und mit Zitronenspalten garnieren.

Saftiges Fleisch & zarter Fisch

Hähnchen in frischer Tomatensauce

Zubereitungszeit 20 Min.   Garzeit 25 Min.

1-3   182 kcal | 761 kJ

Für 4 Personen
1 Schalotte
1 Knoblauchzehe
6 Tomaten
2 Zweige Rosmarin
4 Hähnchenbrustfilets (à 120 g)
Salz, Pfeffer
1 TL Olivenöl
3 EL dunkler Balsamicoessig
60 ml Geflügelfond
4 Stängel Basilikum

1   Schalotte schälen und mit Knoblauch fein würfeln. Tomaten waschen und würfeln. Rosmarin waschen, trocken schütteln und fein hacken. Hähnchenbrustfilet trocken tupfen und mit Rosmarin, Salz und Pfeffer einreiben.

2   Öl in einer Pfanne auf mittlerer bis hoher Stufe erhitzen, Hähnchen darin 5–7 Minuten von jeder Seite braten, herausnehmen und warm stellen. Schalotte und Knoblauch im Bratensatz ca. 2 Minuten andünsten. Mit Essig ablöschen und ca. 2 Minuten köcheln lassen. Tomaten und Fond dazugeben und ca. 5 Minuten köcheln lassen.

3   Basilikum waschen, trocken schütteln und Blätter abzupfen. Tomatensauce mit Salz und Pfeffer abschmecken und mit Basilikum garnieren. Hähnchen in frischer Tomatensauce servieren.

Gut kombiniert

Serviere dazu einen grünen Salat oder Baguette.

Dorade auf Fenchel-Karotten-Gemüse

Zubereitungszeit 15 Min.   Garzeit 20 Min.

      370 kcal | 1550 kJ

Für 2 Personen
1 kleine unbehandelte Zitrone
1 küchenfertige Dorade
(300 g verzehrbarer Anteil)
Salz, Pfeffer
2 EL gehackter Dill
1 Fenchelknolle
4 Karotten
1 TL Olivenöl
40 g entsteinte schwarze Oliven
in Lake
80 ml trockener Weißwein
200 ml Gemüsebrühe
(1 TL Instantpulver)

1 Zitrone in Scheiben schneiden. Dorade abspülen, trocken tupfen, Haut längs einschneiden, von innen und außen salzen und Dorade mit Zitronenscheiben und Dill füllen. Fenchel waschen, halbieren, den Strunk entfernen und Fenchel in dünne Streifen schneiden. Karotten schälen und in Scheiben schneiden.

2 Öl in einer Pfanne auf mittlerer Stufe erhitzen und Fenchel und Karotten darin ca. 5 Minuten anbraten. Oliven dazugeben und mit Salz und Pfeffer würzen. Dorade auf das Gemüse legen, Wein und Brühe angießen, aufkochen und mit Deckel auf niedriger Stufe 10–15 Minuten köcheln lassen. Dorade auf Fenchel-Karotten-Gemüse servieren.

 **Jetzt Video zu Küchentipp entdecken:**
Fenchel putzen und zubereiten

Gerösteter Lammbraten mit marinierten Bohnen

Zubereitungszeit 15 Min.   Garzeit 1 Std. 40 Min.

10–11  403 kcal | 1690 kJ

Für 6 Personen
1 kg Lammkeule (ohne Knochen)
2 EL Olivenöl
3 EL gehackte italienische
Kräuter
Salz, Pfeffer
150 ml Geflügelfond
1 Knoblauchzehe
1 EL Kapern
2 Sardellen in Salzlake
1 EL Weißweinessig
2 EL gehackte Minze
2 EL Wasser
1 TL abgeriebene unbehandelte
Zitronenschale
2 Dosen weiße Bohnen
(à 255 g Abtropfgewicht)

1 Backofen auf 200° C (Gas: Stufe 3, Umluft: 180° C) vorheizen. Lammkeule abspülen, trocken tupfen, mit 1 TL Öl, 1 EL italienischen Kräutern, Salz und Pfeffer einreiben, zu einem Braten aufrollen und mit Küchengarn fixieren. Eine ofenfeste Pfanne auf hoher Stufe erhitzen und Lammbraten darin ca. 10 Minuten rundherum anbraten.

2 Fond angießen und Lammbraten im Backofen mit Deckel auf mittlerer Schiene 80–90 Minuten garen. Für die Marinade Knoblauch, Kapern und Sardellen hacken und mit restlichem Öl, Essig, restlichen italienischen Kräutern, 1 EL Minze, 1 EL Wasser und Zitronenschale verrühren.

3 Bohnen abspülen und abtropfen lassen. Bohnen mit restlichem Wasser in einer Pfanne auf niedriger bis mittlerer Stufe ca. 5 Minuten erwärmen und drei Viertel der Marinade dazugeben. Lammbraten herausnehmen, abgedeckt ca. 10 Minuten ruhen lassen, in Scheiben schneiden, mit restlicher Minze bestreuen und mit restlicher Marinade bestreichen. Lammbraten mit Bohnen servieren.

Gegrillter Thunfisch mit Salsa verde und Tomatensalat

Zubereitungszeit 10 Min.   Garzeit 5 Min.

5-9      357 kcal | 1493 kJ

Für 4 Personen

1/2 unbehandelte Zitrone
1 Bund Petersilie
2 Sardellenfilets in Salzlake
1 Knoblauchzehe
3 EL Olivenöl
2 EL Wasser
2 EL Kapern
Salz, Pfeffer
1 rote Zwiebel
400 g Tomaten
80 g entsteinte schwarze Oliven in Lake
1 EL heller Balsamicoessig
1/2 TL getrockneter Oregano
1 Prise Zucker
4 Thunfischsteaks (à 125 g)

1 Für die Salsa Zitronenschale abreiben und Zitronenhälfte auspressen. Petersilie waschen und trocken schütteln. Sardellenfilets mit Zitronenschale, -saft, Petersilie, Knoblauch, 1 EL Öl, Wasser und Kapern pürieren und mit Salz und Pfeffer abschmecken.

2 Zwiebel schälen und in feine Streifen schneiden. Tomaten waschen und in Stücke schneiden. Zwiebeln und Tomaten mit Oliven, 1 EL Öl, Essig, Oregano, Zucker, Salz und Pfeffer mischen.

3 Thunfischsteaks abspülen, trocken tupfen, mit restlichem Öl bepinseln, salzen und pfeffern. Eine Grillpfanne auf hoher Stufe erhitzen und Thunfischsteaks darin 2–3 Minuten von jeder Seite grillen. Thunfisch mit Salsa und Tomatensalat servieren.

Braciola

Zubereitungszeit 20 Min.   Garzeit 90 Min.

     305 kcal | 1275 kJ

Für 8 Stück

8 Rinderrouladen (à 150 g)
Salz, Pfeffer
1 Mehrkornbrötchen
80 g getrocknete Tomaten ohne Öl
3 Zweige Rosmarin
1 Zwiebel
3 Knoblauchzehen
60 g geriebener Parmesan
2 EL Rapsöl
120 ml trockener Rotwein
300 g passierte Tomaten (Konserve)
250 ml Rinderfond

1 Rinderrouladen trocken tupfen, zwischen Frischhaltefolie flacher klopfen und mit Salz und Pfeffer würzen. Brötchen mit getrockneten Tomaten fein hacken. Rosmarin waschen, trocken schütteln und die Hälfte fein hacken. Zwiebel schälen und mit Knoblauch fein würfeln.

2 Brotbrösel mit Tomaten, Parmesan, gehacktem Rosmarin, Salz und Pfeffer verrühren. Füllung auf den Rouladen verteilen, aufrollen und mit Spießen oder Rouladennadeln fixieren. 1 EL Öl in einer Pfanne auf mittlerer bis hoher Stufe erhitzen und Rouladen darin ca. 8 Minuten rundherum braten.

3 Rouladen herausnehmen, restliches Öl im Bratensatz auf mittlerer Stufe erhitzen und Zwiebeln mit Knoblauch darin ca. 3 Minuten anbraten. Mit Wein ablöschen und ca. 3 Minuten köcheln lassen. Passierte Tomaten, Rinderfond und Rosmarinzweige dazugeben, mit Salz und Pfeffer würzen und aufkochen. Rouladen dazugeben und auf niedriger Stufe mit Deckel ca. 75 Minuten garen. Rosmarinzweige entfernen und Braciola servieren.

Gut kombiniert

Serviere dazu Kartoffeln und gedünstetes grünes Blattgemüse.

Braciola …

… sind italienische Rouladen.

Gamberoni Rustica

Zubereitungszeit 15 Min.   Garzeit 20 Min.

1-5   296 kcal | 1238 kJ

Für 4 Personen
600 g festkochende Kartoffeln
Salz, Pfeffer
500 g küchenfertige Garnelen
(TK)
1 große Stange Lauch
8 Sardellenfilets in Salzlake
1 rote Chilischote
2 Knoblauchzehen
2 TL Rapsöl
400 g stückige Tomaten
(Konserve)
250 ml Gemüsebrühe
(1 TL Instantpulver)
2 EL gehacktes Basilikum

1   Kartoffeln schälen, in Würfel schneiden und in Salzwasser ca. 10 Minuten vorgaren. Garnelen auftauen lassen, abspülen und trocken tupfen. Lauch waschen und in Ringe schneiden. Sardellen hacken. Chilischote waschen, entkernen und mit Knoblauch fein hacken.

2   Öl in einer tiefen Pfanne auf mittlerer bis hoher Stufe erhitzen und Chili mit Knoblauch darin ca. 2 Minuten braten. Garnelen dazugeben, ca. 3 Minuten rundherum mitbraten, mit Salz und Pfeffer würzen und herausnehmen.

3   Lauch und Sardellen im Bratensatz ca. 3 Minuten anbraten. Kartoffeln abgießen, mit Tomaten und Brühe in die Pfanne geben und ca. 5 Minuten köcheln lassen. Garnelen dazugeben, mit Basilikum verfeinern und mit Salz und Pfeffer würzen. Gamberoni Rustica servieren.

Geflügel-Gemüse-Hackbraten mit grünen Bohnen

Zubereitungszeit 25 Min. Garzeit 60 Min. Kühlzeit 20 Min.

    254 kcal | 1062 kJ

Für 6 Personen
1 kleine Zwiebel
2 Karotten
1 Zucchini
3 Knoblauchzehen
150 g Blattspinat
3 TL Olivenöl
2 TL gehackter Rosmarin
Salz, Pfeffer
1 Ei (Größe M)
2 EL Dijon-Senf
2 EL Worcestersauce
450 g Geflügelhackfleisch
(aus Geflügelbrustfilet)
90 g zarte Haferflocken
600 g grüne Bohnen
60 g geriebener Mozzarella,
45 % Fett i. Tr.

1 Zwiebel schälen und fein würfeln. Karotten schälen, Zucchini waschen und mit Karotten grob raspeln. Knoblauch pressen. Spinat waschen und trocken schleudern.

2 Backofen auf 180° C (Gas: Stufe 2, Umluft: 160° C) vorheizen. 1 TL Öl in einer großen Pfanne auf mittlerer Stufe erhitzen und Zwiebeln darin ca. 3 Minuten andünsten. Karotten, Zucchini, Spinat, Knoblauch und Rosmarin zugeben und ca. 5 Minuten mitdünsten. Gemüsemischung mit Salz und Pfeffer würzen und ca. 15 Minuten abkühlen lassen.

3 Ei, Senf, Worcestersauce, Salz und Pfeffer verrühren und mit Hackfleisch, Haferflocken und Gemüsemischung vermischen. Masse in eine mit Backpapier ausgelegte Kastenform (Länge ca. 25 cm) füllen und im Backofen auf mittlerer Schiene ca. 50 Minuten backen.

4 Bohnen waschen, Enden abschneiden und in kochendem Salzwasser ca. 10 Minuten garen. Bohnen abgießen, abschrecken, mit restlichem Öl beträufeln und mit Salz und Pfeffer würzen. Geflügel-Gemüse-Hackbraten mit Mozzarella bestreuen, ca. 5 Minuten abkühlen lassen, in Scheiben schneiden und mit Bohnen servieren.

Anikas Tipp

Definitiv mein absolutes Highlight: Die einfache Zubereitung und die wirklich sehr leckere Kombination machen das Gericht zu meinem Lieblingsrezept aus diesem Buch!

Anikas
Lieblingsrezept

Kabeljau-Tomaten-Gratin mit Kartoffeln

Zubereitungszeit 10 Min.   Garzeit 40 Min.   Kühlzeit 15 Min.

1-6      302 kcal | 1262 kJ

Für 4 Personen
800 g festkochende Kartoffeln
Salz, Pfeffer
4 Tomaten
500 g Kabeljaufilet
1 Zitrone
2 TL getrockneter Estragon
2 EL gehackter Dill
1 EL Olivenöl

1 Kartoffeln waschen, in Salzwasser ca. 20 Minuten vorgaren, abgießen und ca. 15 Minuten abkühlen lassen. Tomaten waschen und in Scheiben schneiden. Kabeljaufilet abspülen und trocken tupfen. Backofen auf 220° C (Gas: Stufe 4, Umluft: 200° C) vorheizen.

2 Kartoffeln in Scheiben schneiden und in einer Auflaufform (ca. 25 x 25 cm) verteilen. Kabeljau darauflegen, mit Salz und Pfeffer würzen und Zitrone darüber auspressen. Tomaten, Estragon und Dill darüber geben, mit Öl beträufeln und im Backofen auf mittlerer Schiene ca. 20 Minuten backen. Kabeljau-Tomaten-Gratin servieren.

Gegrillte Puten-Saltimbocca mit Spargel

Zubereitungszeit 10 Min.   Garzeit 15 Min.   Kühlzeit 10 Min.

3–5   252 kcal | 1055 kJ

Für 4 Personen
400 g grüner Spargel
Salz, Pfeffer
4 Putenschnitzel (à 120 g)
60 g Ziegenfrischkäse,
45 % Fett i. Tr.
12 Blätter Salbei
8 Scheiben roher Schinken
2 TL Rapsöl

1 Spargel waschen, das untere Drittel schälen und Spargel in kochendem Salzwasser ca. 2 Minuten garen. Spargel abgießen, abschrecken, abtropfen und ca. 10 Minuten auskühlen lassen.

2 Putenschnitzel trocken tupfen, flacher klopfen, mit Salz und Pfeffer würzen und mit Ziegenfrischkäse bestreichen. Spargel auf die Schnitzel legen und von der kurzen Seite her aufrollen. Salbei waschen, trocken schütteln, darauflegen, mit Schinken umwickeln und fixieren.

3 Öl in einer Grillpfanne auf mittlerer Stufe erhitzen und Puten-Saltimbocca darin 10–12 Minuten rundherum grillen. Puten-Saltimbocca genießen.

Gefüllte Tintenfischtuben mit Paprika

Zubereitungszeit 20 Min.   Garzeit 25 Min.

332 kcal | 1387 kJ

Für 4 Personen
2 Schalotten
2 Knoblauchzehen
1 rote Chilischote
1 Brötchen
2 TL Olivenöl
Salz, Pfeffer
150 ml trockener Weißwein
1 Ei (Größe M)
4 EL gehackte Petersilie
4 EL geriebener Parmesan
4 Tintenfischtuben (à 150 g)
je 1 gelbe, rote und grüne Paprika
100 ml Gemüsebrühe
(1/2 TL Instantpulver)
100 g Frischkäse,
bis 5 % Fett absolut
1 TL Paprikapulver

1 Schalotten schälen und mit Knoblauch fein würfeln. Chilischote waschen, entkernen und würfeln. Brötchen in kleine Würfel schneiden. 1 TL Öl in einem Topf auf mittlerer Stufe erhitzen und Knoblauch mit Schalotten darin ca. 3 Minuten anbraten. Brot und Chili dazugeben und weitere ca. 3 Minuten mitbraten. Mit Salz und Pfeffer würzen und mit 50 ml Wein ablöschen.

2 Mischung herausnehmen und mit Ei, 2 EL Petersilie und Parmesan vermischen. Tintenfischtuben abspülen, trocken tupfen und mit der Masse füllen. Restliches Öl im Bratensatz auf mittlerer bis hoher Stufe erhitzen, Tintenfischtuben darin ca. 5 Minuten rundherum braten und mit Salz und Pfeffer würzen. Tintenfisch herausnehmen und warm stellen.

3 Paprika waschen, entkernen, in Streifen schneiden und im Bratensatz 5–8 Minuten braten. Mit Brühe und restlichem Wein ablöschen, aufkochen, ca. 3 Minuten köcheln lassen, Frischkäse einrühren und mit Salz, Pfeffer und Paprikapulver würzen. Tintenfisch auf Paprikagemüse anrichten, mit restlicher Petersilie bestreuen und servieren.

Klassische italienische Hackbällchen

Zubereitungszeit 20 Min.   Garzeit 45 Min.

3–4   207 kcal | 868 kJ

Für 6 Personen
2 Zwiebeln
2 Knoblauchzehen
450 g Tatar
2 Eier (Größe M)
1 TL Fenchelsamen
Salz, Pfeffer
2 EL Mehl
1 EL Rapsöl
1 kg passierte Tomaten
(Konserve)
1 TL Zucker
1/2 Bund Basilikum

1 Zwiebeln schälen und fein würfeln. Knoblauch pressen. Tatar mit Eiern, der Hälfte Zwiebeln, 1 Knoblauchzehe und Fenchelsamen verkneten und mit Salz und Pfeffer würzen. Tatar mit feuchten Händen zu 24 Bällchen formen und mit Mehl bestäuben.

2 Öl in einer großen tiefen Pfanne auf mittlerer bis hoher Stufe erhitzen und Hackbällchen darin ca. 5 Minuten rundherum anbraten. Restliche Zwiebeln und restlichen Knoblauch dazugeben und ca. 2 Minuten mitbraten.

3 Tomaten angießen, mit Salz und Pfeffer würzen, mit Zucker verfeinern und auf niedriger bis mittlerer Stufe mit Deckel ca. 40 Minuten köcheln lassen. Basilikum waschen, trocken schütteln und fein hacken. Tomatensauce mit Basilikum verfeinern und Hackbällchen servieren.

Anikas Tipp

Genau mein Geschmack. Ich liebe Tatar und fand die Hackbällchen einfach klasse. Die Sauce habe ich noch mit etwas mehr passierten Tomaten zubereitet. Das Gericht eignet sich auch perfekt als Meal Prep oder lässt sich gut einfrieren.

Gut kombiniert

Zu den Hackbällchen passen Nudeln perfekt. Serviere zum Beispiel unsere selbstgemachten Bandnudeln von S. 44 dazu.

Anikas
Lieblingsrezept

Jakobsmuscheln mit Selleriepüree

Zubereitungszeit 25 Min.   Garzeit 25 Min.   Kühlzeit 10 Min.

6-7

254 kcal | 1061 kJ

Für 4 Personen
600 g Knollensellerie
700 ml Gemüsebrühe
(3 TL Instantpulver)
250 g Rosenkohl
2 TL Rapsöl
Salz, Pfeffer
1 unbehandelte Zitrone
3 EL Halbfettbutter
100 g Crème légère
20 g Mandeln
300 g küchenfertige
Jakobsmuscheln

1   Backofen auf 180° C (Gas: Stufe 2, Umluft: 160° C) vorheizen. Sellerie schälen und würfeln. Brühe in einem Topf auf mittlerer bis hoher Stufe aufkochen und Sellerie darin 15–20 Minuten garen. Rosenkohl putzen und in Blätter zerteilen. Rosenkohlblätter mit Öl, Salz und Pfeffer auf einem mit Backpapier ausgelegten Backblech vermischen und im Backofen auf mittlerer Schiene ca. 15 Minuten backen, dabei gelegentlich durchrühren.

2   1/2 TL Zitronenschale abreiben und Zitrone auspressen. Für die Zitronenbutter 2 EL Butter in einem Topf auf mittlerer Stufe schmelzen, bis sie braun wird, ca. 10 Minuten abkühlen lassen und mit Zitronensaft verrühren. Sellerie abgießen, dabei ca. 100 ml Brühe auffangen und Sellerie mit Crème légère und Brühe pürieren. Selleriepüree mit Salz und Pfeffer abschmecken und warm stellen.

3   Mandeln fettfrei in einer Pfanne auf mittlerer Stufe 2–3 Minuten rösten und hacken. Jakobsmuscheln abspülen und trocken tupfen. Restliche Butter in einer Pfanne auf mittlerer bis hoher Stufe schmelzen, Jakobsmuscheln darin ca. 2 Minuten von jeder Seite braten und mit Salz und Pfeffer würzen. Selleriepüree auf 4 Teller verteilen, Rosenkohl und Jakobsmuscheln darauf anrichten, mit Zitronenbutter beträufeln und mit Mandeln und Zitronenschale bestreuen. Guten Appetit!

Kräuter-Nuss-Lamm mit Ofengemüse

Zubereitungszeit 15 Min.   Garzeit 40 Min.

        415 kcal | 1737 kJ

Für 2 Personen
2 Lammlachse (à 150 g)
2 EL gehackte Minze
2 EL gehackte Petersilie
Salz, Pfeffer
1/2 TL Chilipulver
1 EL Paniermehl
1 EL gehackte Haselnüsse
1 Zucchini
1 kleine Aubergine
1 rote Paprika
1 Dose Artischockenherzen in
Lake (240 g Abtropfgewicht)
1 EL Olivenöl
1 TL getrockneter Rosmarin

1   Lammlachse trocken tupfen. Minze, Petersilie, Salz, Pfeffer, Chilipulver, Paniermehl und Haselnüsse vermischen und auf den Lammlachsen verteilen. Zucchini waschen und in Stifte schneiden. Aubergine waschen und in Stücke schneiden. Paprika waschen, entkernen und in Streifen schneiden. Artischocken abtropfen lassen.

2   Backofen auf 200° C (Gas: Stufe 3, Umluft: 180° C) vorheizen. Zucchini, Aubergine, Paprika und Artischocken mit Öl, Rosmarin, Salz und Pfeffer auf einem mit Backpapier ausgelegten Backblech vermischen. Gemüse im Backofen auf mittlerer Schiene ca. 20 Minuten garen. Lammlachse daraufgeben und 15–20 Minuten mitgaren. Kräuter-Nuss-Lamm mit Ofengemüse genießen.

Gratinierter Lachs mit Süßkartoffelgnocchi

Zubereitungszeit 15 Min.   Garzeit 35 Min.

     513 kcal | 2148 kJ

Für 4 Personen
400 g Mangold
250 g Champignons
1 Zwiebel
2 Knoblauchzehen
1 TL Rapsöl
400 g Süßkartoffelgnocchi
(Frischprodukt)
Salz, Pfeffer
1 Msp. Chiliflocken
1 TL abgeriebene unbehandelte
Zitronenschale
4 Lachsfilets (à 125 g)
70 g geriebener Käse,
30 % Fett i. Tr.

1 Mangold waschen, trocken schleudern und weiße Stiele von den Blättern schneiden. Blätter in breite und Stiele in feine Streifen schneiden. Champignons trocken abreiben und vierteln. Zwiebel schälen und in Würfel schneiden. Knoblauch pressen.

2 Öl in einer großen Pfanne auf mittlerer Stufe erhitzen und Zwiebeln mit Knoblauch darin ca. 2 Minuten anbraten. Champignons dazugeben und ca. 5 Minuten mitbraten. Mangold und Gnocchi zufügen und weitere ca. 5 Minuten braten. Mit Salz, Pfeffer und Chiliflocken würzen und mit Zitronenschale verfeinern.

3 Backofen auf 200° C (Gas: Stufe 3, Umluft: 180° C) vorheizen. Lachs abspülen, trocken tupfen und mit Salz und Pfeffer würzen. Gnocchi-Gemüse-Mischung mit Lachs auf einem mit Backpapier ausgelegten Backblech verteilen, mit Käse bestreuen und im Backofen auf mittlerer Schiene ca. 20 Minuten backen. Gratinierten Lachs mit Süßkartoffelgnocchi servieren.

Piccata milanese mit Linsenspaghetti

Zubereitungszeit 10 Min.   Garzeit 25 Min.

6-11   457 kcal | 1912 kJ

Für 4 Personen

1 Zwiebel
2 Knoblauchzehen
6 große Tomaten
2 TL Rapsöl
100 ml halbtrockener Weißwein
1 TL getrockneter Majoran
1/2 TL Zucker
**200 g trockene WW Linsen-
spaghetti**
Salz, Pfeffer
4 Kalbsschnitzel (à 120 g)
2 EL Mehl
1 Ei (Größe M)
25 g geriebener Parmesan

1 Zwiebel schälen und mit Knoblauch fein würfeln. Tomaten waschen und in Würfel schneiden. 1 TL Öl in einer Pfanne auf mittlerer Stufe erhitzen und Zwiebeln mit Knoblauch darin ca. 3 Minuten anbraten. Tomaten, Wein, Majoran und Zucker dazugeben und ca. 10 Minuten köcheln lassen.

2 Nudeln nach Packungsanweisung in Salzwasser garen. Kalbsschnitzel trocken tupfen. Mehl in einen tiefen Teller geben. Ei mit Parmesan, Salz und Pfeffer in einem weiteren tiefen Teller verquirlen. Kalbsschnitzel erst in Mehl und anschließend in Ei-Parmesan-Mischung wenden.

3 Restliches Öl in einer Pfanne auf mittlerer Stufe erhitzen und Kalbsschnitzel darin 3–5 Minuten von jeder Seite braten. Nudeln abgießen, zur Sauce geben und mit Salz und Pfeffer abschmecken. Piccata milanese servieren.

Feiner Pastagenuss

Probiere statt der WW Linsenspaghetti doch mal die WW Penne aus Linsen. Erhältlich im WW Studio oder unter wwshop.de.

Gefülltes Schweinefilet mit Pilzen

Zubereitungszeit 15 Min.   Garzeit 40 Min.

    213 kcal | 891 kJ

Für 4 Personen
250 g gemischte Pilze (z. B.
Champignons oder Pfifferlinge)
80 g Baby-Blattspinat
3 TL Olivenöl
Salz, Pfeffer
600 g Schweinefilet
2 EL Paprikamark

1 Backofen auf 160° C (Gas: Stufe 1, Umluft: 140° C) vorheizen. Pilze trocken abreiben, gegebenenfalls waschen und fein würfeln. Spinat waschen, trocken schleudern und grob hacken. 1 TL Öl in einer Pfanne auf mittlerer Stufe erhitzen, Pilze darin ca. 5 Minuten anbraten. Spinat zugeben und zusammenfallen lassen. Gemüse mit Salz und Pfeffer würzen und herausnehmen.

2 Schweinefilet trocken tupfen, waagerecht einschneiden, aufklappen, flacher klopfen und mit Salz und Pfeffer würzen. Paprikamark darauf verstreichen, mit Pilzen und Spinat belegen, aufrollen und mit Küchengarn oder Holzspießen fixieren.

3 Restliches Öl im Bratensatz auf mittlerer bis hoher Stufe erhitzen, Schweinefilet darin ca. 5 Minuten rundherum braten, in eine Auflaufform (ca. 20 x 30 cm) legen und im Backofen auf mittlerer Schiene ca. 30 Minuten garen. Schweinefilet in Scheiben schneiden und servieren.

Gut kombiniert

Dazu passen die Rosmarin-Knoblauch-Kartoffelecken von S. 17, ein gemischter Salat oder die WW Mushroom Sauce. Erhältlich im WW Studio oder auf wwshop.de.

Buntes Gemüse & gesunde Hülsenfrüchte

Artischocken-Oliven-Tarte

Zubereitungszeit 20 Min.   Garzeit 40 Min.

309 kcal | 1292 kJ

Für 8 Stücke

**1 Packung Tarte- oder Quicheteig
(Frischprodukt, 300 g)
4 Stängel glatte Petersilie
4 Stängel Dill
6 Eier (Größe M)
150 g saure Sahne
40 g geriebener Parmesan
Salz, Pfeffer
2 Dosen Artischockenherzen
in Lake (à 240 g Abtropfgewicht)
120 g entsteinte grüne Oliven
in Lake
80 g Pflücksalatmischung
(Kühltheke)**

1 Backofen auf 180° C (Gas: Stufe 2, Umluft: 160° C) vorheizen. Eine Tarteform (Ø 26 cm) mit Tarteteig auskleiden, dabei einen ca. 2 cm hohen Rand formen. Teig mehrfach mit einer Gabel einstechen, mit Backpapier abdecken, mit 500 g trockenen Hülsenfrüchten beschweren, im Backofen auf mittlerer Schiene 10–15 Minuten blind backen und Backpapier mit Hülsenfrüchten entfernen.

2 Petersilie und Dill waschen, trocken schütteln und fein hacken. Eier mit saurer Sahne und 20 g Parmesan verrühren, mit Salz und Pfeffer würzen und mit drei Vierteln der Kräuter verfeinern. Artischockenherzen abtropfen lassen und mit Oliven halbieren.

3 Artischocken und Oliven auf dem Teig verteilen, Eierguss daraufgeben, mit restlichem Parmesan bestreuen und weitere 20–25 Minuten backen.

4 Salat waschen und trocken schleudern. Artischocken-Oliven-Tarte in Stücke schneiden, mit restlichen Kräutern bestreuen und mit Pflücksalat servieren.

Überbackene Auberginen mit Parmesan

Zubereitungszeit 30 Min.   Garzeit 40 Min.

7   211 kcal | 882 kJ

Für 6 Personen
3 Auberginen
Salz, Pfeffer
4 TL Olivenöl
1 TL gehackter Thymian
2 Schalotten
1 Prise Chiliflocken
2 Dosen Tomaten
(à 400 g Abtropfgewicht)
200 g Ricotta
2 EL gehacktes Basilikum
4 EL Parmesan
2 EL Paniermehl
60 g geriebener Mozzarella,
45 % Fett i. Tr.

1 Auberginen waschen, längs in 1 cm dicke Scheiben schneiden, von jeder Seite salzen und ziehen lassen. Backofen auf 220° C (Gas: Stufe 4, Umluft: 200° C) vorheizen. Auberginen trocken tupfen, mit 2 TL Öl bestreichen, mit Pfeffer würzen und mit Thymian verfeinern. Auberginen auf zwei mit Backpapier ausgelegten Backblechen verteilen und im Backofen auf oberer und unterer Schiene 20–25 Minuten backen, dabei nach der Hälfte der Garzeit Auberginen wenden und Backbleche rotieren.

2 Für die Sauce Schalotten schälen und fein würfeln. 1 TL Öl in einer Pfanne auf mittlerer Stufe erhitzen und Schalotten mit Chiliflocken darin 3–5 Minuten braten. Mit Tomaten ablöschen und mit Salz und Pfeffer würzen. Sauce aufkochen, Tomaten mit einem Löffel zerdrücken und ca. 20 Minuten köcheln lassen.

3 Ricotta mit Basilikum, 2 EL Parmesan und 1/2 TL Salz verrühren. Backofentemperatur auf 240° C (Gas: Stufe 5, Umluft 220° C) erhöhen. Eine Auflaufform (ca. 18 x 18 cm) mit restlichem Öl einpinseln, Auberginen, Ricottamischung, Mozzarella und Tomatensauce hineinschichten, dabei mit Tomatensauce beginnen und abschließen. Auberginen mit restlichem Parmesan und Paniermehl bestreuen und im Backofen auf oberer Schiene ca. 15 Minuten backen.

Risotto Primavera

Zubereitungszeit 20 Min.   Garzeit 35 Min.

8–10   352 kcal | 1474 kJ

Für 4 Personen
200 g dicke Bohnen (TK)
2 Zwiebeln
2 Knoblauchzehen
2 TL Olivenöl
250 g trockener Risottoreis
(z. B. Arborio)
1 Liter vegane Gemüsebrühe
(4 1/2 TL Instantpulver)
400 g grüner Spargel
3 Stängel Minze
150 g Erbsen (TK)
Salz, Pfeffer

1 Dicke Bohnen auftauen lassen. Zwiebeln schälen und fein würfeln. Knoblauch pressen. Öl in einem Topf auf mittlerer bis hoher Stufe erhitzen und Zwiebeln mit Knoblauch darin 3–4 Minuten andünsten. Reis dazugeben und ca. 2 Minuten mitdünsten. Mit Brühe ablöschen, bis die Reiskörner knapp bedeckt sind und auf niedriger bis mittlerer Stufe 15–20 Minuten köcheln lassen, dabei regelmäßig Brühe nachgießen.

2 Spargel waschen, das untere Drittel schälen und Spargel halbieren. Minze waschen, trocken schütteln und fein hacken. Bohnen, gefrorene Erbsen und Spargel zum Risotto geben und 5–10 Minuten mitgaren. Risotto mit Salz und Pfeffer würzen und mit Minze bestreut servieren.

Gemüsepfanne mit Parmesanchips

Zubereitungszeit 20 Min.   Garzeit 20 Min.

    168 kcal | 703 kJ

Für 4 Personen

200 g grüne Bohnen
Salz, Pfeffer
1 Broccoli
1 Zwiebel
1 Knoblauchzehe
3 Stangen Staudensellerie
3 Karotten
2 TL Olivenöl
500 g passierte Tomaten
(Konserve)
60 g geriebener Parmesan
1 TL gehackter Rosmarin
1 TL getrockneter Majoran
1 EL gehackter Thymian

1   Bohnen waschen, die Enden abschneiden und in Salzwasser ca. 5 Minuten blanchieren. Broccoli waschen, in Röschen teilen, zu den Bohnen geben, ca. 5 Minuten mitgaren und abgießen. Zwiebel schälen und mit Knoblauch fein würfeln. Sellerie waschen, Karotten schälen und beides in Scheiben schneiden.

2   Backofen auf 180° C (Gas: Stufe 2, Umluft: 160° C) vorheizen. Öl in einer tiefen Pfanne auf mittlerer Stufe erhitzen und Zwiebeln mit Knoblauch darin ca. 2 Minuten anbraten. Sellerie und Karotten zufügen und ca. 5 Minuten mitbraten. Broccoli, Bohnen und Tomaten dazugeben, mit Salz und Pfeffer würzen und mit Deckel 10–12 Minuten köcheln lassen.

3   8 Parmesan-Häufchen auf ein mit Backpapier ausgelegtes Backblech geben, im Backofen auf mittlerer Schiene 8–10 Minuten backen und sofort mit Rosmarin bestreuen. Gemüsepfanne mit Majoran und Thymian verfeinern und mit Parmesanchips servieren.

Käsepolenta mit Spinat

Zubereitungszeit 10 Min.   Garzeit 10 Min.

     164 kcal | 688 kJ

Für 4 Personen
80 g Baby-Blattspinat
130 g trockene Polenta
(Maisgrieß)
600 ml Gemüsebrühe
(2 TL Instantpulver)
Salz, Pfeffer
40 g geriebener Pecorino

1 Spinat waschen und trocken schleudern. Polenta nach Packungsanweisung in Brühe garen. Spinat unterrühren, ca. 5 Minuten köcheln lassen und mit Salz und Pfeffer würzen. Pecorino unterrühren und Käsepolenta sofort servieren.

Gut kombiniert

Serviere dazu einen leckeren gemischten Salat aus unserem 1. Kapitel „Feine Vorspeisen & knackige Salate".

Mediterrane Auberginen-Röllchen

Zubereitungszeit 25 Min.   Garzeit 40 Min.

    166 kcal | 694 kJ

Für 4 Personen
2 große Auberginen
3 TL Olivenöl
1 rote Zwiebel
2 Knoblauchzehen
50 g entsteinte grüne Oliven
in Lake
5 Tomaten
1 EL Pinienkerne
1 EL Tomatenmark
Salz, Pfeffer
1 EL gehacktes Basilikum
80 g Ricotta
1 Zitrone
100 g Feldsalat

1 Auberginen waschen und längs in 0,5 cm breite Scheiben schneiden. 2 TL Öl portionsweise in einer Grillpfanne auf mittlerer Stufe erhitzen, Auberginen darin ca. 2 Minuten von jeder Seite grillen und beiseitestellen.

2 Zwiebel schälen und fein würfeln. Knoblauch pressen. Oliven grob hacken. Tomaten waschen und in Würfel schneiden. Pinienkerne fettfrei in einer Pfanne auf mittlerer Stufe 2–3 Minuten rösten und herausnehmen. Restliches Öl in der Pfanne auf mittlerer Stufe erhitzen und Zwiebeln mit Knoblauch darin ca. 3 Minuten andünsten. Oliven, Tomaten und Tomatenmark dazugeben, verrühren, mit Salz und Pfeffer würzen, mit Basilikum verfeinern und ca. 2 Minuten mitgaren.

3 Backofen auf 200° C (Gas: Stufe 3, Umluft: 180° C) vorheizen. Auberginen mit Tomatenmischung bestreichen, aufrollen und in eine Auflaufform (ca. 20 x 30 cm) legen. Mit restlicher Tomatensauce bedecken, Ricotta darauf verteilen, mit Pinienkernen bestreuen und im Backofen auf mittlerer Schiene ca. 20 Minuten backen. Zitrone in Spalten schneiden. Salat waschen und trocken schleudern. Mediterrane Auberginen-Röllchen mit Feldsalat und Zitronenspalten servieren.

Vegane Polpette in Paprikasauce

Zubereitungszeit 20 Min.   Garzeit 55 Min.   Kühlzeit 15 Min.

6–9   457 kcal | 1914 kJ

Für 4 Personen
3 Zwiebeln
3 rote Paprika
1 EL italienische Kräuter
4 TL Olivenöl
250 g Champignons
1 Dose Linsen
(265 g Abtropfgewicht)
2 Knoblauchzehen
80 g zarte Haferflocken
1/2 TL getrockneter Majoran
1/2 TL Paprikapulver
Salz, Pfeffer
200 g trockener Bulgur
30 g Tomatenmark
500 g passierte Tomaten
(Konserve)
1 TL Balsamicocreme

1 Backofen auf 180° C (Gas: Stufe 2, Umluft: 160° C) vorheizen. Zwiebeln schälen, 1 Zwiebel fein würfeln und restliche Zwiebeln vierteln. Paprika waschen, entkernen, in große Stücke schneiden und mit Zwiebelvierteln, italienischen Kräutern und 2 TL Öl in einer Auflaufform (ca. 20 x 20 cm) vermischen. Gemüse im Backofen auf mittlerer Schiene ca. 20 Minuten backen.

2 Champignons trocken abreiben und in kleine Würfel schneiden. Linsen abspülen und abtropfen lassen. 1 TL Öl in einer Pfanne auf mittlerer Stufe erhitzen, restliche Zwiebeln zugeben, Knoblauch dazupressen und ca. 3 Minuten braten. Champignons dazugeben und ca. 5 Minuten mitbraten. Pilzmischung mit Linsen, Haferflocken, Majoran, Paprikapulver, Salz und Pfeffer vermischen und ca. 15 Minuten kalt stellen.

3 Aus der Masse 16 kleine Bällchen formen, auf ein mit Backpapier ausgelegtes Backblech geben und mit restlichem Öl bepinseln. Polpette im Backofen auf mittlerer Schiene 25–30 Minuten backen, dabei nach der Hälfte der Garzeit wenden. Bulgur nach Packungsanweisung in Salzwasser garen. Paprika-Zwiebel-Mischung in einen Topf geben, mit Tomatenmark und Tomaten pürieren und auf mittlerer Stufe ca. 5 Minuten erhitzen. Paprikasauce mit Balsamicocreme, Salz und Pfeffer abschmecken und mit Polpette und Bulgur servieren.

Low Carb Zucchini-Ravioli

Zubereitungszeit 15 Min.   Garzeit 35 Min.

      243 kcal | 1017 kJ

Für 2 Personen
1 große Zucchini
8 Blätter Salbei
1 EL Mandeln
40 g geriebener Parmesan
75 g Ricotta
Salz, Pfeffer
200 g stückige Tomaten
(Konserve)
1 TL Tomatenmark
1/2 TL getrockneter Oregano
1 TL Olivenöl

1 Zucchini waschen und längs mit einem Sparschäler in 20 dünne Streifen hobeln, dabei die äußeren Schalen beiseitelegen. Salbei waschen, trocken schütteln und 4 Blätter hacken. Für die Füllung Mandeln hacken und mit 20 g Parmesan, Ricotta, gehacktem Salbei, Salz und Pfeffer vermischen. Je 2 Zucchinischeiben über Kreuz legen, mit Füllung belegen und zu Päckchen falten.

2 Backofen auf 180° C (Gas: Stufe 2, Umluft: 160° C) vorheizen. Für die Sauce Zucchinischalen fein würfeln und mit Tomaten, Tomatenmark, Oregano, Salz und Pfeffer vermischen. Öl in einer ofenfesten Pfanne auf mittlerer Stufe erhitzen, Salbeiblätter darin 1–2 Minuten von jeder Seite braten und herausnehmen.

3 Zucchini-Ravioli im Bratensatz 1–2 Minuten von jeder Seite braten, Tomatensauce angießen und mit restlichem Parmesan bestreuen. Low Carb Zucchini-Ravioli im Backofen auf mittlerer Schiene 25–30 Minuten backen, Salbeiblätter darübergeben und genießen.

Anikas Tipp

Die Ravioli sind eine gute Alternative zu normalen Ravioli und schmecken toll. Die Zubereitung ist etwas aufwendiger, aber wenn man den Dreh einmal raus hat, klappt es richtig gut. Probiert es aus!

Ricotta-Tomaten-Frittata mit Basilikum

Zubereitungszeit 15 Min.   Garzeit 35 Min.

     253 kcal | 1058 kJ

Für 4 Personen
1 rote Zwiebel
250 g festkochende Kartoffeln
250 g Cocktailtomaten
4 Stängel Basilikum
2 TL Olivenöl
5 Eier (Größe M)
Salz, Pfeffer
1 Msp. geriebene Muskatnuss
125 g Ricotta
1/2 TL Chiliflocken

1 Zwiebel schälen und in feine Streifen schneiden. Kartoffeln waschen und in dünne Scheiben schneiden. Tomaten waschen und halbieren. Basilikum waschen, trocken schütteln und fein hacken.

2 Öl in einer großen Pfanne auf mittlerer Stufe erhitzen und Zwiebeln darin ca. 3 Minuten anbraten. Kartoffeln dazugeben und ca. 10 Minuten mitbraten. Tomaten dazugeben und auf niedriger Stufe ca. 3 Minuten mitdünsten. Eier mit Salz, Pfeffer und Muskatnuss verquirlen und mit Basilikum verfeinern.

3 Eimasse über die Tomaten-Kartoffel-Mischung geben und Ricotta darauf verteilen. Frittata mit Deckel ca. 15 Minuten stocken lassen, ohne Deckel ca. 5 Minuten ruhen lassen und mit Chiliflocken bestreut servieren.

So geht's auch

Du kannst die Frittata auch in einer mit Backpapier ausgelegten Auflaufform im Backofen zubereiten.

Crespelle mit Pilzfüllung auf Mangold

Zubereitungszeit 30 Min.   Garzeit 30 Min.

7-8   282 kcal | 1182 kJ

Für 4 Personen
1 Zwiebel
300 g gemischte Pilze
(z. B. Champignons und
Kräuterseitlinge)
500 g Mangold
6 Stängel Petersilie
200 ml fettarme Milch
100 g Mehl
2 Eier (Größe M)
Salz, Pfeffer
2 TL Rapsöl
120 g Kräuterfrischkäse,
bis 5 % Fett absolut
2 TL gehackter Thymian
40 g geriebener Parmesan
1 Msp. geriebene Muskatnuss

1 Zwiebel schälen und fein würfeln. Pilze trocken abreiben und in feine Würfel schneiden. Mangold waschen, trocken schleudern und weiße Stiele von den Blättern schneiden. Blätter in breite, Stiele in feine Streifen schneiden und Mangold in einer Auflaufform (ca. 20 x 30 cm) verteilen. Backofen auf 180° C (Gas: Stufe 2, Umluft: 160° C) vorheizen.

2 Für die Crespelle Petersilie waschen, trocken schütteln, hacken und mit 150 ml Milch, Mehl, Eiern und 1/2 TL Salz verrühren. Öl portionsweise in einer Pfanne auf mittlerer Stufe erhitzen und aus dem Teig darin nacheinander 4 dünne Pfannkuchen backen, dabei ca. 2 Minuten von jeder Seite braten. Pfannkuchen herausnehmen und warm stellen.

3 Für die Füllung Zwiebeln mit Pilzen im Bratensatz 5–7 Minuten braten. 60 g Frischkäse und Thymian dazugeben und mit Salz und Pfeffer würzen. Crespelle mit Pilzmischung füllen, aufrollen und auf den Mangold setzen. Für den Guss restliche Milch mit restlichem Frischkäse, Parmesan, Muskatnuss, Salz und Pfeffer verrühren und über die Pfannkuchen und den Mangold geben. Crespelle im Backofen auf mittlerer Schiene ca. 15 Minuten backen und servieren.

Crespelle ...

... sind die italienische Variante der französischen Crêpes, also dünne Pfannkuchen.

Süß-saure Auberginen-Caponata

Zubereitungszeit 10 Min.   Garzeit 25 Min.

6   287 kcal | 1201 kJ

Für 4 Personen
1 große Zwiebel
je 1 rote und gelbe Paprika
1 Fenchelknolle
2 mittlere Auberginen
2 TL Olivenöl
80 ml vegane Gemüsebrühe
(1/2 TL Instantpulver)
1 Lorbeerblatt
5 Tomaten
2 EL heller Balsamicoessig
50 g Korinthen
40 g Pinienkerne
4 Scheiben Weißbrot (à 25 g)
4 Stängel Basilikum
Salz, Pfeffer

1 Zwiebel schälen und in Würfel schneiden. Paprika waschen, entkernen und in Stücke schneiden. Fenchel waschen, halbieren, Strunk entfernen und Fenchel in Streifen schneiden. Auberginen waschen und in Stücke schneiden. Öl in einer tiefen Pfanne auf mittlerer bis hoher Stufe erhitzen und Gemüse darin ca. 5 Minuten rundherum anbraten. Mit Brühe ablöschen, Lorbeerblatt zugeben und mit Deckel ca. 15 Minuten schmoren.

2 Tomaten waschen, in kleine Würfel schneiden, mit Essig und Korinthen zum Gemüse geben und ca. 5 Minuten mitgaren. Pinienkerne fettfrei in einer Pfanne auf mittlerer Stufe 2–3 Minuten rösten. Brot nach Wunsch rösten. Basilikum waschen, trocken schütteln und Blätter abzupfen. Einige Blätter beiseitestellen, den Rest hacken. Lorbeerblatt entfernen. Gemüse mit Salz und Pfeffer würzen, gehacktes Basilikum unterrühren und mit Brot, Pinienkernen und Basilikumblättern garniert servieren.

Fruchtige Desserts & Kuchen

Kokos-Limetten-Panna-Cotta

Zubereitungszeit 25 Min. Garzeit 5 Min. Kühlzeit 4 Std. Ziehzeit 30 Min.

4–5   86 kcal | 360 kJ

Für 8 Personen
4 Kaffir-Limettenblätter
1 Stängel Minze
270 ml fettreduzierte Kokosmilch
250 ml fettarme Milch
2 EL Zucker
1 Päckchen Gelatine-Fix
250 g Erdbeeren

1 3 Limettenblätter grob hacken und restliches Limettenblatt in feine Streifen schneiden. Minze waschen und trocken schütteln.

2 Kokosmilch, Milch und 1 1/2 EL Zucker mischen, mit gehackten Limettenblättern und Minze in einem Topf auf mittlerer Stufe ca. 5 Minuten erhitzen und mit Gelatine-Fix verrühren. Kokosmischung durch ein Sieb gießen und Mischung in 8 Panna-Cotta-Förmchen (à 80 ml) füllen. Kokos-Limetten-Panna-Cotta mit Folie abdecken und ca. 4 Stunden kalt stellen.

3 Erdbeeren waschen, vierteln, mit restlichem Zucker und Limettenblatt mischen und ca. 30 Minuten ziehen lassen. Kokos-Limetten-Panna-Cotta auf Teller stürzen und mit Erdbeeren garniert servieren.

Anikas Tipp

Ein sehr frisches Dessert, das perfekt für den Sommer ist. Und vor allem: richtig schnell gemacht!

So schmeckt's auch

Du kannst anstelle der Erdbeeren auch Himbeeren oder Heidelbeeren verwenden.

Tartufo-Schichtdessert

Zubereitungszeit 20 Min.   Garzeit 5 Min.
Kühlzeit 3 Std. 30 Min.

9–11   270 kcal | 1132 kJ

Für 4 Personen
2 Eier (Größe M)
25 g Zucker
250 ml fettarme Milch
3 Blatt Gelatine
3 EL Haselnussmus
40 g Zartbitter-Schokolade
1 Prise Salz
4 TL Kirschsauce (Fertigprodukt)
1 EL gehackte Haselnüsse
1 TL Kakaopulver

1 Eier trennen und Eigelb mit Zucker schaumig schlagen. Milch in einem Topf auf mittlerer Stufe aufkochen, vom Herd nehmen und Ei-Zucker-Masse einrühren. Gelatine nach Packungsanweisung einweichen, ausdrücken, zur Eicreme geben und unter Rühren auflösen. Haselnussmus unterrühren, Creme auf 4 Gläser (Inhalt ca. 250 ml) verteilen und 2–3 Stunden kalt stellen.

2 Für die Schokomousse Schokolade in einem warmen Wasserbad schmelzen und ca. 10 Minuten abkühlen lassen. Eiklar mit Salz steif schlagen und Schokolade vorsichtig unterheben. Kirschsauce auf die Nussmousse geben, Schokomousse daraufgeben und weitere ca. 30 Minuten kalt stellen.

3 Haselnüsse fettfrei in einer Pfanne auf mittlerer Stufe 2–3 Minuten rösten. Tartufo-Schichtdessert mit Haselnüssen bestreuen und mit Kakaopulver bestäuben. Buon appetito!

Für eine schnelle Variante!

WW Schokoladenmousse und WW Weiße Schokoladenmousse verwenden – weiße Mousse mit 3 EL Haselnussmus zubereiten, in 4 Gläser schichten und jeweils 1 TL Kirschsauce darauf verteilen. Schokoladenmousse darauf schichten und ca. 60 Minuten kalt stellen (Pro Portion 7 PersonalPoints).

Pflaumencrostata

Zubereitungszeit 15 Min.   Garzeit 45 Min.   Kühlzeit 30 Min.

10–11      243 kcal | 1016 kJ

Für 8 Stücke
500 g Pflaumen
70 g Zucker
2 EL Mehl
1/2 TL Zimt
1 Packung Mürbeteig
(300 g, Frischprodukt)

1 Pflaumen waschen, halbieren, Steine entfernen und Pflaumen in dünne Spalten schneiden. Für die Füllung Pflaumen mit 60 g Zucker, Mehl und Zimt verrühren. Backofen auf 200° C (Gas: Stufe 3, Umluft 180° C) vorheizen.

2 Teig entrollen, auf ein mit Backpapier ausgelegtes Backblech legen und rund formen. Füllung auf dem Teig verteilen, dabei einen ca. 3 cm breiten Rand lassen. Teigränder über die Füllung klappen und Pflaumen mit restlichem Zucker bestreuen. Pflaumencrostata im Backofen auf mittlerer Schiene ca. 45 Minuten backen, ca. 30 Minuten abkühlen lassen, in Stücke schneiden und servieren.

Himbeer-Orangen-Tiramisu mit Skyrcreme

Zubereitungszeit 20 Min.   Kühlzeit ca. 2 Std.

     185 kcal | 775 kJ

Für 6 Personen
1/2 unbehandelte Orange
500 g Skyr, Natur
150 g Magermilchjoghurt
1 EL Puderzucker
1/2 TL gemahlener Anis
1 EL Orangenlikör
(alternativ 1 TL Orangenpaste)
250 g Himbeeren
30 g Cantuccini
100 g Löffelbiskuits

1   Orangenschale abreiben und Orangenhälfte auspressen. Skyr mit Joghurt, Puderzucker, Anis, Orangenschale und Likör verrühren. Himbeeren waschen und trocken tupfen. Cantuccini grob hacken.

2   50 g Löffelbiskuits in eine Auflaufform (ca. 15 x 20 cm) legen und mit 2 EL Orangensaft beträufeln. Die Hälfte der Creme, Himbeeren und restliche Löffelbiskuits daraufschichten, mit restlichem Orangensaft beträufeln und mit restlicher Creme abschließen. Tiramisu mit Cantuccini bestreuen und ca. 2 Stunden kalt stellen.

Schoko-Cheesecake mit Kirschsauce

Zubereitungszeit 30 Min.   Garzeit 10 Min.
Kühlzeit 3 Std. 15 Min.

6–8   189 kcal | 792 kJ

Für 10 Stücke

45 g Zartbitterschokolade
90 g zarte Haferflocken
30 g Halbfettmargarine
1/2 TL Zimt
1 EL Honig
2 Eiklar (Größe M)
150 g Ricotta
250 g Frischkäse,
bis 5 % Fett absolut
170 g Magermilchjoghurt
60 g Puderzucker
3 EL Kakaopulver
1 EL Gelatine-Fix
1 EL Speisestärke
125 ml Wasser
200 g Kirschen (TK)

1 Backofen auf 180° C (Gas: Stufe 2, Umluft: 160° C) vorheizen. Schokolade in einem warmen Wasserbad schmelzen. Haferflocken auf einem mit Backpapier ausgelegten Backblech verteilen und im Backofen auf mittlerer Schiene ca. 10 Minuten rösten.

2 Margarine schmelzen und mit Haferflocken, Zimt und Honig vermischen. Haferflockenmasse in einer mit Backpapier ausgelegten Springform (Ø 20 cm) verteilen. Masse fest andrücken und ca. 15 Minuten kalt stellen. Eiklar steif schlagen. Ricotta, Frischkäse, Joghurt, 50 g Puderzucker und 2 EL Kakaopulver verrühren. Gelatine-Fix und geschmolzene Schokolade unter die Frischkäsemasse rühren. Eischnee unterheben, Creme auf dem Haferflockenboden verteilen und ca. 3 Stunden kalt stellen.

3 Stärke und Wasser in einem Topf mit restlichem Puderzucker verrühren. Kirschen dazugeben und auf mittlerer Stufe unter Rühren aufkochen. Kirschsauce kalt stellen. Schoko-Cheesecake mit restlichem Kakaopulver bestäuben, in Stücke schneiden und mit Kirschsauce servieren.

Mini-Baba-Küchlein mit Aprikosen-Rum-Glasur

Zubereitungszeit 15 Min.   Garzeit 20 Min.   Gehzeit 75 Min.

3   81 kcal | 340 kJ

Für 24 Stück

1 Vanilleschote
1/4 Würfel Hefe
50 g Zucker
80 ml lauwarmes Wasser
250 g Mehl
70 g Halbfettmargarine
3 Eier (Größe M)
80 g Rum-Rosinen
1 TL abgeriebene unbehandelte Zitronenschale
1 Prise Salz
2 EL Aprikosenkonfitüre
1 EL Rum

1 Vanilleschote längs aufschneiden und das Mark herauskratzen. Hefe zerbröckeln und mit 1 TL Zucker in Wasser auflösen. Mehl, 65 g Margarine, Eier, restlichen Zucker, Vanillemark, Rum-Rosinen, Zitronenschale und Salz mit Hefemischung zu einem glatten Teig verrühren und an einem warmen Ort abgedeckt ca. 45 Minuten gehen lassen.

2 Backofen auf 180° C (Gas: Stufe 2, Umluft: 160° C) vorheizen. 24 Mulden eines Mini-Guglhupf-Blechs (oder eines Muffinblechs) mit restlicher Margarine fetten und Teig einfüllen. Teig weitere ca. 30 Minuten gehen lassen. Mini-Baba-Küchlein im Backofen auf mittlerer Schiene 15–20 Minuten backen. Aprikosenkonfitüre mit Rum verrühren. Warme Küchlein damit bestreichen, trocknen lassen und genießen.

Mango-Limetten-Sorbet

Zubereitungszeit 10 Min.   Gefrierzeit 6 Std.

    134 kcal | 562 kJ

Für 8 Personen
3 große Mangos (à ca. 570 g)
1 unbehandelte Limette
1 EL Puderzucker

1 Mangos schälen, das Fruchtfleisch vom Stein schneiden und grob würfeln. 1 TL Limettenschale abreiben und Limette auspressen. Mango, Puderzucker, Limettenschale und Limettensaft fein pürieren.

2 Mangopüree in einer flachen Schale ca. 6 Stunden gefrieren lassen, dabei gelegentlich mit einer Gabel durchrühren. Mango-Limetten-Sorbet servieren.

So schmeckt's auch

Statt Mango kannst du auch gefrorene Himbeeren verwenden.

 **Jetzt Video zu Küchentipp entdecken:**
Mango richtig schneiden

Italienischer Mandelkuchen

Zubereitungszeit 15 Min.   Garzeit 30 Min.

7–8   200 kcal | 836 kJ

Für 12 Stücke
3 Eier (Größe M)
70 g Zucker
1 Päckchen Vanillezucker
160 g Halbfettmargarine
150 g Mehl
1 TL Backpulver
1 Prise Salz
2 EL Honig
100 g Mandelblättchen

1 Backofen auf 180° C (Gas: Stufe 2, Umluft: 160° C) vorheizen. Eier, Zucker Vanillezucker und 120 g Margarine schaumig schlagen. Mehl, Backpulver und Salz unterrühren. Teig in eine mit Backpapier ausgelegte Springform (Ø 26 cm) geben und auf mittlerer Schiene ca. 15 Minuten backen.

2 Restliche Margarine mit Honig in einem Topf schmelzen. 80 g Mandelblättchen unterrühren und auf dem Kuchen verteilen. Mit restlichen Mandeln bestreuen und 10–15 Minuten backen. Mandelkuchen in Stücke schneiden und servieren.

Anikas Tipp

Der Kuchen ist schnell zubereitet und schmeckt sehr saftig und lecker. Eine tolle Idee, die meine Gäste und mich begeistert hat.

Waffeln mit Buttermilch-Beeren-Semifreddo

Zubereitungszeit 20 Min.   Garzeit 15 Min.

8-11   324 kcal | 1354 kJ

Für 4 Personen

3 Eier (Größe M)
1 EL Zucker
180 g Mehl
1/2 TL Backpulver
1 Prise Salz
200 ml entrahmte Milch
1 TL Rapsöl
250 g gemischte Beeren (TK)
100 ml Buttermilch
2 EL Puderzucker

1 Eier mit Zucker schaumig schlagen. Mehl mit Backpulver und Salz vermischen und mit Milch unter die Eimischung rühren.

2 Waffeleisen mit Öl fetten und darin aus dem Teig nacheinander 4 Waffeln backen. Für das Semifreddo Beeren mit Buttermilch und 1 EL Puderzucker pürieren. Semifreddo und Waffeln mit restlichem Puderzucker bestreuen und servieren.

Semifreddo …

… ist halbgefrorenes Eis.

Gorgonzola-Feigen

Zubereitungszeit 10 Min.

4–5   128 kcal | 535 kJ

Für 6 Personen
9 große Feigen
30 g Walnüsse
60 g Gorgonzola,
50 % Fett i. Tr.
2 EL Honig

1 Feigen waschen, halbieren und auf einer Servierplatte anrichten. Walnüsse fein hacken. Gorgonzola in kleine Stücke schneiden, auf den Feigen verteilen, mit Walnüssen bestreuen und mit Honig beträufeln. Gorgonzola-Feigen genießen.

So schmeckt's auch

Du kannst die Feigen mit dem Gorgonzola auch gratinieren. Einfach in eine Auflauf-form setzen und auf oberer Schiene bei 200° C ca. 10 Minuten backen.

Nusskekse mit Trockenobst

Zubereitungszeit 25 Min.   Garzeit 15 Min.   Kühlzeit 5 Min.

        86 kcal | 359 kJ

Für 30 Stück

75 g getrocknete Datteln
50 g getrocknete Aprikosen
130 g Puderzucker
60 ml Olivenöl
1 Ei (Größe M)
1 Eigelb (Größe M)
1 TL Vanilleextrakt
250 g Mehl
2 TL Backpulver
1/2 TL Zimt
1/2 TL geriebene Muskatnuss
1 Msp. gemahlener Piment
30 g gehackte Pistazien

1 Backofen auf 160° C Umluft (Ober-/Unterhitze nicht empfehlenswert) vorheizen. Datteln und Aprikosen fein hacken. Puderzucker mit Öl, Ei, Eigelb und Vanilleextrakt schaumig schlagen.

2 Mehl, Backpulver, Zimt, Muskatnuss und Piment vermischen, zur Eimischung geben und zu einem glatten Teig verkneten. Datteln, Aprikosen und Pistazien unterkneten. Aus dem Teig 30 Kugeln formen, auf zwei mit Backpapier ausgelegten Backblechen verteilen und etwas flach drücken.

3 Nusskekse im Backofen auf mittlerer Schiene 12–15 Minuten backen, ca. 5 Minuten abkühlen lassen und servieren.

Pfirsich-Prosecco-Bellinis

Zubereitungszeit 10 Min.   Gefrierzeit 2 Std.

    127 kcal | 532 kJ

Für 8 Personen
5 Pfirsiche
1 EL Zitronensaft
1 EL Zucker
80 ml Pfirsichlikör
750 ml Prosecco

1 4 Pfirsiche mit kochendem Wasser überbrühen, häuten, halbieren, Steine entfernen und Pfirsiche würfeln. Pfirsichwürfel in einen Gefrierbeutel geben und ca. 2 Stunden gefrieren lassen.

2 Zitronensaft erwärmen, Zucker unter Rühren darin auflösen, mit Pfirsichwürfeln und Pfirsichlikör fein pürieren und mit Prosecco aufgießen. Restlichen Pfirsich waschen, halbieren, den Stein entfernen und Pfirsich in Spalten schneiden. Pfirsich-Prosecco-Bellinis in 8 Gläser füllen, mit Pfirsichspalten garnieren und sofort servieren.

Das Geheimrezept für mehr Wohlbefinden

Entdecke jetzt das WW **PersonalPoints**™ Programm und finde deinen personalisierten Weg zu gesunden Gewohnheiten, einem aktiveren Leben und mehr Wohlbefinden.

Melde dich gleich auf WW.com an und erhalte noch heute einen Plan, der in dein Leben passt.

Register nach Alphabet

Register nach Zutaten und Stichworten

Register nach Zutaten und Stichworten

Vegan ☙

Vegetarisch ☙

Wurzelgemüse

☙ vegetarisch   ☙ vegan
☙ glutenfrei   ☙ laktosefrei   ☙ nussfrei

Die Kennzeichnung wie zum Beispiel „gluten-", „laktose-" oder
„nussfrei" bei den Rezepten ist rein informativ und nicht verbindlich.
Es liegt in der persönlichen Verantwortung zu prüfen, ob die
verwendeten Lebensmittel die Anforderungen erfüllen.

Impressum

Herausgeber & Redaktion
WW (Deutschland) GmbH
Claudia Braun, Iris Hermann

Rezepte & Realisierung
Geschmackswerk UG
Nathalie Döscher, Silke Höpker

Fotografie & Styling
Hubertus Schüler,
WW International

Foodstyling
Stefan Mungenast,
WW International

Bildnachweise
WW International

Gestaltungskonzept & Grafik
Geschmackswerk UG, Petra Penker

Druck
paffrath print & medien GmbH

WW (Deutschland) GmbH
ww.com
Info-Hotline 0211-36874236
SKU: 402428
ISBN: 978-3-9822975-6-9

Wir freuen uns auf deine Bewertung dieses Kochbuchs unter:
wwshop.de oder schicke uns eine
E-Mail an leserservice@ww.com

Zeigt uns eure Rezeptfotos!
Jetzt auf Instagram posten:
#wwkochbuch